だから、
会計業界は
おもしろい！

税理士・会計士・コンサルの未来

山田 淳一郎
Junichiro Yamada

［編著］

中央経済社

はじめに ◆━━━━━━━━━━━━━━━━━━━━━

　税理士・公認会計士として送ってきた45年間の私の会計人としての人生は面白く楽しく，決して暗いなんてことはなく充実していたと思う。なのに会計の仕事というと地味で少々暗いイメージを持つ人が少なくないようだ。

　他人と交わるのが苦手な人が，一人じっと籠もって作業的に行う仕事に就きたい，と希望する場合には，記帳代行という会計の仕事を選べば概ね希望に適う，といえよう。しかし，記帳代行は会計の仕事の一部であって，すべてではない。

　会計の仕事は，本書にある若者たちの経験のように多様に有り，それらのほとんどは人間関係のど真ん中の仕事であり，暗く籠もっていてはできない仕事ばかりだ。ということからわかるように，会計の仕事が暗いというのはそういう道を選べば，ということである。

　とはいえ，派手な立ち回りのない，コツコツと積み上げ作業をせねばならない仕事も多いという点で，地味な点もある。しかし，会計以外のどの仕事もコツコツと積み上げるがごとく実行する側面があり，地味は会計だけの特徴ではないと思う。それにこれからはAI（人工知能）が発達し，記帳作業の大部分はAIが代替するので，暗いといわれるイメージをなしている部分は少なくなり，人間関係の仕事が増えてくるのでますます明るい人が活躍するようになる。

　そうなのだ，会計業界における成功要因は多くの仕事と同様，明るく，元気，快活なのだ。

　ところで，これから会計の仕事はなくなっていく方向にあるか，という点だが，いわゆる作業の部分はコンピューターがやってくれるようになるけど，専門的知識をベースとした判断の仕事はなくならないし重要性が増すので，会計は会計故の特殊な知識が必要故に，これからも得意技にしてしまうと仕事上の武器になるのだ。

　この本を読んでくださった皆さんが会計を得意技に取り込み武器とし我々の世界で活躍してくださるならば望外の喜びである。

2018年6月吉日

山田　淳一郎

CONTENTS だから，会計業界はおもしろい！
税理士・会計士・コンサルの未来

◆ はじめに ……… 1

序章 # 会計人としての基軸
税理士・会計士人生を振り返る〔山田淳一郎〕————————— 5

今の会計業界に対する思い ……… 6
私の税理士・会計士人生を振り返る ……… 7
会計人として成し遂げたかったこと，そしてこれから ……… 11
「べき」を貫いたビジネス人生だった ……… 12
苦しかったとき考えたこと ……… 14
後悔しないための思考 ……… 14
これからの会計業界と会計業界で働く人に対する期待 ……… 15
「心と行動の基軸」（抜粋）……… 16

CHAPTER 1 # 会計業界ってどんなところ？
会計士と税理士とコンサルタント ————————————————— 33

▶ **1-1** "会計業界"ってどんなところ？ ……… 35
▶ **1-2** 会計士業界マップ ……… 36
▶ **1-3** 税理士業界マップ ……… 43
▶ **1-4** コンサルティング業界マップ ……… 47
(COLUMN❶) 公認会計士試験ってどんな制度？ ……… 52
(COLUMN❷) 税理士試験ってどんな制度？ ……… 56

CHAPTER 2 # 税理士・会計士・
コンサルタントの仕事 ————————————————————— 59

▶ **2-1** 税理士の仕事 ……… 61
▶ **2-2** 公認会計士の仕事 ……… 69
▶ **2-3** コンサルタントの仕事 ……… 77

CHAPTER 3

ますます広がる私たちの仕事 ——————— 83

- ▶ **3-1** お客様から求められていること ……… 85
- ▶ **3-2** プロフェッショナルとして目指すもの ……… 89
- ▶ **3-3** 専門分野以上の付加価値をつける ……… 93

CHAPTER 4

私たちが経験から学んだこと
資格にあぐらをかかない！ ——————— 97

- ▶ **4-1** お金のお悩み相談に乗りたい！〔河村美佳〕……… 99
- ▶ **4-2** 資格は大切。でも資格だけではダメ〔池尻武志〕……… 104
- ▶ **4-3** 資格は"足の裏の米粒だ！
  取っても食えない！"〔近江彩子〕……… 109
- (COLUMN)「人が好き」はビジネスのはじまり〔山田淳一郎〕……… 114

CHAPTER 5

私たちが経験から学んだこと
期待に応えるために必要なチカラ ——————— 115

- ▶ **5-1** コンサルタントになってよかった!!〔矢島満洋〕……… 117
- (COLUMN❸) 私が刺激を受けた「座右の書」……… 122
- ▶ **5-2** 仕事を通じて学んだ「人間力」の大切さ〔田中啓之〕……… 123
- (COLUMN❹) 私が刺激を受けた「座右の書」……… 126
- ▶ **5-3** 人間力を高めるために実践していること〔伊藤裕太〕……… 127
- (COLUMN❺) 私が刺激を受けた「座右の書」……… 129

CHAPTER 6

私たちが経験から学んだこと
我々がやらずして
海外ビジネス支援を誰がやる！ ——————— 131

- ▶ **6-1** 会計人こそが一番の支援者になれる！〔船山竜典〕……… 133
- ▶ **6-2** 海外ビジネスは日本から動く！〔金沢東模〕……… 140
- ▶ **6-3** 海外で働く！〔前田章吾〕……… 144

CHAPTER 7 会計業界の「働き方」 ——— 149

- ▶ **7-1** 会計業界におけるワークライフバランス ……… 151
- ▶ **7-2** 会計業界で働くということ 〜10年後を見据えて〜 ……… 154

COLUMN 6
働きながら子育てをする人も増えています！〔田場万優〕……… 157

CHAPTER 8 私たちが経験から学んだこと
会計業界で働く人のキャリアパス ——— 163

- ▶ **8-1** IT業界から会計業界へ転職しました！〔薦田牧子〕……… 165
- ▶ **8-2** 個人型税理士法人と総合型税理士法人〔安岡喜大〕……… 169
- ▶ **8-3** 事業会社に出向しました！〔宇田川隆〕……… 174
- ▶ **8-4** 公的機関に出向しました！〔米原三恵〕……… 178

CHAPTER 9 会計業界の未来を考えてみる ——— 185

- ▶ **9-1** "テクノロジー"が会計業界の未来を変える!? ……… 187
- ▶ **9-2** 会計業界で人が行う仕事として
  残り続けるものは何か ……… 188
- ▶ **9-3** 企業内会計士，企業内税理士が増える ……… 189
- ▶ **9-4** 監査法人の統廃合は進むのか ……… 190
- ▶ **9-5** IFRSの導入の最新事情と将来予測 ……… 192
- ▶ **9-6** 受験者数の推移と税理士の高齢化 ……… 193
- ▶ **9-7** IT技術をどう活かすか，今後の展望 ……… 195

序　章

会計人としての基軸
税理士・会計士人生を振り返る

山田淳一郎

今の会計業界に対する思い

　帳簿作成を主な業務とする会計事務所（独立系の会計事務所にはこれを主たる業務とするところが多い）は最近景気が悪いとはよく耳にするところだ。企業の新規開業は少なく，廃業はそれを上回り，かつ，中小企業で景気の良い会社が少ないとなると，顧問料の値下げ要請はあっても値上げしてくれるところはほとんどなかろうから，マクロ的に見ると会計業界は厳しい業界と言って間違いはないし，景気はやはり良くないのだろう。

　しかしここで考えてもらいたい。どの業界においても景気が悪い業界においてその同業者のすべての会社の業績が悪いということは少なく，そのような業界にあっても勝ち組もいれば，負け組もいるというのが普通ではないだろうか。そう考えてみる必要があると思う。

　どの業界でも，そしていつでも勝ち組もいれば負け組もおり，不況の時は負け組の数の方が多い，ということではないだろうか。

　会計業界もその例に当てはまると思う。すなわち，現在でも，少ないかもしれないが，少ないながらも勝ち組は間違いなくいるのだから。

　ということで負け組が多いとして，なぜそうなのかを考えてみたい。独立系の会計事務所の多くは，その主たる業務を記帳代行（帳簿作成業務, Bookkeeping）としているところがほとんどであろう。本来税務指導や税務書類の作成，税務相談，その他会社ごとのあらゆるニーズに応えることを主たる業務にする税務会計事務所のはずが，読んで字のとおり"会計事務所"，すなわち，記帳代行（Bookkeeping）が仕事の大部分になっていないだろうか。こうなり過ぎると事業承継の相談やM&Aの相談等の記帳以外の相談はどうしても減少傾向になってしまうのではなかろうか。

　景気は悪くもなれば良くなる時もある。いずれの時にも仕事が続くように，組織が元気でいられるようにビジネスモデルを再構築する必要がありそうだ。
　会計帳簿の作成（Bookkeeping）で仕事が完結する時代は終わったのかもし

れない。とはいうものの，これから景気が良くなればいずれそのうちのいくらかは復活すると思う。が，私は記帳代行に依存するのはよろしくないと思う。これからは環境の変化に耐えられるビジネスモデルに改良していく必要があろう。

私の税理士・会計士人生を振り返る

「税理士・会計士人生は面白かったし，今も面白い。幸せだ，この道を選んで良かった。」こう思っている。

公認会計士受験

人生における最初の仕事は鉄道会社勤務だったが，2つの点で自分には向かないな，やり直しの人生を送ろう，そう考えて選び直したのが公認会計士受験，24歳だった。

最初に就いた鉄道会社勤務が自分に向いていないと考えた1つの理由は，鉄道の仕事は決まったことを決まったようにすることが仕事であること。私は，あれもこれもやってみたい性格であり，1つのことをあくまでじっくりし続けるのが苦手な性格であることから，ルーティンワークをしっかりし続けることを大切にしている鉄道の仕事は自分には向いていない，と感じたことだった。

2つ目の理由は，その鉄道会社は同じ大学卒でも就職した時点でキャリアとノンキャリアに峻別しており，私自身はノンキャリア採用だったことから，やり直そうと考えたことだった。

さてそこでどうするか，を考えて資格を取ることにした。司法試験に挑戦するか，公認会計士試験に挑戦するか迷ったが，最も難しいと感じた司法試験，そして弁護士の道はやり直しの身にとって合格に何年も掛かるかもしれないことから避けるべきと判断し，公認会計士受験を選んだ。

最初に就職したのは法律事務所

　私が合格した1970年代の公認会計士試験合格者のほとんどは合格すると直ちに監査法人に就職したが，私は合格時点で夜間大学の４年在学中だったことと，鉄道運営の大企業を退職して臨んだ試験だったので，会計業界における大きな組織である監査法人に就職することは，大きな組織，という点で抵抗があったことから，簿記学校でアルバイトしながら，私自身の就職先を探すこととした。半年後に，法律事務所が公認会計士試験合格者を求めていることを知り，面白そうだ，自分に向いているのではないか，と感じ，その法律事務所の面接を受け，就職した。

　その法律事務所はボスと私を入れても５人の小さな事務所であったが，あらゆることをほとんど自分１人でせねばならないことから何かと大変だったけど，それがかえって自分の経験を豊かにしてくれ，２年目３年目と慣れてくるにつれ面白かった。

　そこには７年強勤めたが，７年ともなると小さな法律事務所であることから仕事が画一化してきたので，もっと広い経験が必要と感じ，ボスである弁護士の先生の了解を得て退職した。

独立―そして独立10年

　次は，経験を積むために監査法人勤務の道もあったが，考えた末に独立の道を選んだ。独立したての頃は暇だったが，最初に勤務した鉄道会社の子会社の仕事と，次に勤務した法律事務所時代に知己を得た弁護士の先生方からの仕事の紹介を得たこと，および，ゴルフ友達等から頼まれた仕事などで何とか滑り出した。

　独立直後に，法律事務所時代に知り合った，某メガバンクの虎ノ門支店の次長さんから，本部を紹介してくださるとの申し出をいただいたのだが，33歳の自分に自信がなく辞退した。

　独立したての頃，東京にさしたる知人のいない私に仕事の依頼が来るのか非常に心配したのだが，実際に開業してみると，それまでに縁のあった方々から，数多の紹介を得て滑り出したのであった。結局は自分自身と自分の歴史が仕事を生んでくれたのであった。

とはいえ，少しずつ依頼される仕事の積み上げでは知れている。点ではなく，線で次々に依頼されるように，それよりも束になって面で依頼されるようにならないと，自分の事務所の成長は遅々たるものにとどまってしまうと考え，面で，すなわち仕事が束になってくるようにと考え，大手金融機関の認知を得ようと考えた。

そして，事業承継（相続税対策セミナー）を提案し採用され，独立開業4年目に，大手生命保険会社と，ある中堅銀行の顧問にしてもらえた。それ以降，その金融機関から束になったという感じでたくさんの仕事を紹介いただき，さらに，それらの金融機関に信頼されていることが役に立ったのであろう，3つ目，4つ目，5つ目…，という具合に顧問先金融機関が増え，それによりたくさんの法人や個人顧客が紹介してもらえたので事務所は思わぬスピードで成長できた。このようなビジネスモデルをB to B（金融機関）to B（法人顧客）またはC（個人顧客）と呼んでいる。

独立後11年間の売上と従業員数

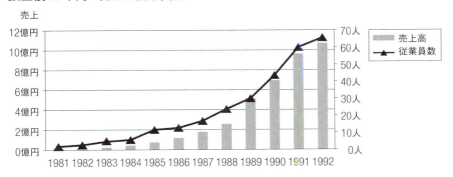

税理士法人，監査法人，事業会社

❶ 税理士法人

独立10年で基礎ができ，その後個人の会計事務所を税理士法人成りし，税理士法人山田&パートナーズとした。税理士法人は私個人のものではなく，パートナー全員のものとして，大きな組織にしたいと考えたので，出資持分を当初8人のパートナーで均等に持つこととし（すなわち，私1人で大部分

の出資持分を持つことをせず），私も私以外のパートナーも同一権利とした。それが意味があったのであろう。税理士法人成りした時は300人位だったのが，今では700人規模になった。独立後最初の10年間は私が引っ張り育てたが，その後の30年近くは多くのメンバーが定着し，頑張って成長させてくれたのである。有難いことと感謝している。なお，税理士法人は次に述べるようにグループの優成監査法人が太陽有限責任監査法人と合併するのに合わせて，2018年7月にグラントソントンのメンバーファームになる。

❷ 監査法人

　成長の途中で個人の山田会計事務所からスピンアウトして監査法人を設立し優成監査法人としたが，私自身はパートナーにはならなかった。私には会計事務所の経営があり，つまり個人事務所から法人成りして設立した税理士法人のトップの仕事があり，さらに加えて事業会社（後の山田コンサルティンググループ株式会社）を経営している身としては，監査まで関与することは極めて難しいとの判断からであった。であるから時々，優成監査法人の経営について相談には応じたが，ほとんど監査法人の経営には関与しなかった。これもパートナーや若手が頑張ってくれ，15～16人でスピンアウトしたのを250人の組織に成長させてくれて今がある。

　優成監査法人は2018年7月に太陽有限責任監査法人と合併する。その目的は，日本の監査法人の中で大きい方から4番目まではビッグ4と呼ばれ，欧米系の大手会計ファームの下にあるので，ビッグ4以外の純粋大和（日本）系の大手会計ファームも存在した方がよい，それを我々の手で作ろう，というものである。

❸ 事業会社

　事業会社はファイナンシャルプランニング（FP）の教育会社として設立（平成元（1989）年7月）した。この会社は現在ジャスダック市場に上場しており，ここに至るまでに商号を山田コンサルティンググループ株式会社とし，今ではFP教育事業の他にさまざまなコンサル事業（M&A事業を含む）を行っており，FP教育事業よりもコンサルティング事業収益の方が10倍強の状況になっている。特筆したいのは，この会社は750人強の規模に成長しており，株式の時価総額は600億円強になっていることである。この会社をここまで成長させられたのは，実はこれまた私故ではなく，現社長や多くの勤めているメン

バーが頑張ってくれたからである。この点も私は運のよい経営者と言えよう。

純粋大和系のビッグ会計ファームに

　税理士法人山田＆パートナーズ，優成監査法人，山田コンサルティンググループ株式会社の３つはそれぞれ成長し，山田グループ全体で1,700人超になった（2018年6月時点）。そして優成監査法人は2013年7月に太陽有限責任監査法人と合併し，近い将来，合計で3,000人規模には成長し，さらに5,000人を目指すことになろう。それぞれがグローバルな事業（仕事）にも手を拡げ，ますます仕事のジャンルが広がり，仕事も今までに増してさらに面白くなる，と考えている。

　すなわち，山田グループの基本理念の３番目の「個と組織の成長」を実践し，組織も，ここで働くメンバーも成長を実現してくれるものと思う。

> 基本理念 **個と組織の成長**
> 私たちは，個と組織の成長と調和をめざし
> 高い目標を掲げる個を尊重します。

　個人の成長と組織の成長は相互に強く貢献し合う。故に，社会性，大人性の備わった高い目標を掲げ，その目標実現に向けて努力する個人とその個性を尊重し，その個人の成長をともに喜ぶ。また，仕事は重要なものではあるが，個々の人生にとっては最終目標ではないのであるから，我々の組織は常に個と組織の調和を実現目標とする。

　個を尊重し，個の成長を実現するためには組織もともに成長しなければならない。故に我々は組織自体の成長も重要な目的と認識する。

 # 会計人として成し遂げたかったこと，そしてこれから

　具体的にこうなりたいと考えた結果として今があるのではない。私自身は独立開業37年間のいずれの時点でも満足を感じたことはない。まだまだ，もっ

と，と考え，ひたすら成長を追い求めて今がある，それだけのことである。であるから必然的に今をもって満足としてはおらず，現時点では，グループを日本一の会計ファームに育てたい，そのためにグローバル展開がこれからの課題，と考えている。より具体的に言うと，日本の会計業界のビッグ４に追い付き，追い越したい，それである。

これを実現するのは，これから私たちに合流してくださる若い皆さんの力である。楽しみだ。

「べき」を貫いたビジネス人生だった

私たちのグループの最も大切にしている基本理念の１番目は「健全な価値観」であり，２番目が「社会貢献」である。次にこの２つを紹介しよう（３番目の「個と組織の成長」は11頁に紹介済み）。

基本理念 健全な価値観
私たちは，信頼される人間集団として，健全な価値観を共有します。

健全な心，健全な価値観，を持ち維持し続ける組織だけが世の中に存在する意義があると信じ，我々は「健全な価値観」を最も重要な基本理念として位置付け保持し続ける。

何が健全であり何が健全でないかの基準をシンプルに示すことは難しいが，それは広く社会全体に肯定されるものでなければならず，悪や，小手先の小賢しい行動，自己の利益を追うために他を利用する行動等を心から嫌う価値観であり，個々の良心から涌き出る価値観である。

我々が「健全な価値観」を失い，自己や我々の組織の利だけを図る行動をとるならば，その組織は即座に解体すべきである。

これらの基本理念と同じ意味で，私は常に"あるべき"を追い求めてきた。

すなわち，"べき"を貫くビジネス人生を実践してきたつもりである。この結果，たくさんの有難い結果を得てきた。グループメンバーもこの「健全な価値観」を大切にし，迷った時には「健全な価値観」に適っているかを物差しにして議論し方向を決める，という具合に習慣化してくれている。

基本理念 社会貢献
私たちは，高付加価値情報を創造・提供し，顧客と社会の発展に貢献します。

　顧客の成長・発展は我々にとって大きな喜びである。我々は，常に顧客の立場に立って物を考え，専門サービスを提供し，顧客の発展に尽くす。
　故に，グループメンバーは定式的形式的な役務提供だけでは決して満足せず，高度の専門知識と強い責任感を持って顧客に対しアドバイスし，役務提供を行い，もって顧客の発展ひいては社会発展に貢献するものである。常に発展するまたは前進する意欲を持った顧客（企業）は我々にとって大切な仲間である。

そう考え，そう言い続けていると私や私共メンバーに接してくださっているたくさんの方々が，この組織のメンバーは曲がったことの嫌いな，真っ直ぐな人達であることを感じ取ってくださり，信頼してくださることが多かったことが私共組織が成長できた要因だと思う。
　そしてもう1つ，ここに勤めてくれた同じ思いのメンバーの多くが，我々のこの組織を好きになり，一所懸命にこの組織をさらに良くしたい，と腰を据えて頑張ってくれていることも忘れてはならない成長要因と思う。
　すなわち，"べき"を貫くことが，私たちにたくさんの仲間，同志を与えてくださったと言ってよかろう。
　当初から結果がわかっていて実践してきたのではなく，己が信じることを必死に実践してきた。それに伴い結果として「健全な価値観」，「個と組織の成長」，「社会貢献」の3つの経営理念を大切にし「べき」を貫いた。そしてそれに共鳴した多くのメンバーがこの組織を盛り上げてくださったので同じ思いを持つ良い仲間が増えた，という循環だった。
　良い仲間が集う組織にできたのはその結果だったと思う。

苦しかったとき考えたこと

　私のビジネス人生は概ね順調続きであったが，1回だけ大失敗してしまい，たくさんの方々に迷惑を掛け，結果苦しかったことがある。
　それはファンド（再生ファンド）の運営の失敗であり，多額の損失を出した時である。
　ファンド運営に携わったメンバーは約10人，全員共に苦しかったのだが，トップである私が元気を無くしたり病気になったりすると他の9人の元気も無くなるのは必須なので，私としては前向きな気持ちを捨てないよう，元気でい続けねば，と考え努力した。
　具体的には，精神的に逃げないこと，そのためには病気にもならないこと，と自分を密かに鼓舞し，欠勤せぬよう，そして気分転換と健康保持を考えて，土曜，日曜には，ゴルフをするよう自分に強いて行った。
　この損失を埋めるのに7〜8年掛かったが，埋めたのは私の力ではなく，山田コンサルティンググループ株式会社の社員全員であり，有難かった。
　その後何とか乗り切った，というのが実態だ。そうできたのは，失敗の事実から私が"逃げなかったこと"，そして病気にならずに済んだことも重要だったのだろうと思う。

後悔しないための思考

　私自身は後悔もたくさんしてきた。しかし，後悔の念を後に引きずったことはほとんどない，こう言ってよい。
　上手くいかず後悔したことは何度もあるがしかし，精一杯やった結果であるから諦めが付きやすいこともあって，後悔の尾を引きずることは余りなかった。
　ここで皆さんに言いたい。一生（所）懸命やった結果が上手くいかなかった場合には大いに後悔して良い。否，後悔し，その結果大いに反省し，同じ

ことを二度三度繰り返すことが少なくなるようになれば，それで良しとすればそれでよいと思う。

しかし"後悔"は長く引っ張らぬが良いと思う。

 ## これからの会計業界と会計業界で働く人に対する期待

　私たち税理士や公認会計士のうち，監査業務以外の業務を行う者は顧問先企業の持つあらゆるニーズに応えられる税・会計の職業専門家になる必要があると思う。今までは記帳代行業務，すなわち，会計帳簿作成業（Bookkeeping）が仕事の70〜80％になり，商業高校出の職員に任せておけば，概ね仕事も会計事務も回る状態だったとすれば，今後は先生（税理士）が仕事の中心になってあらゆるニーズに対応できるように，普段から勉強研鑽し，相談が持ち込まれたら，それに応える実力を身につける努力を続ける必要があると思う。

　仕事は難しい仕事がこなせれば楽しくなる，という性質がある。今後はこの本質的循環にしたいものである。別の表現をすれば，他人や機械に取って代えられない職業専門家になりたいものである。そうなれば仕事が歯応えのあるものになり，よりやり甲斐のあるものになり，充実するので楽しくなる，との好循環になる，そう思う。

　ところで，今，銀行が自らのビジネスモデルを見直さねばやっていけなくなる，という点で事業分野の見直しに苦しみ始めている。今までは貸付金利の利ざやが，十分な程にあったので，銀行業務はエリート業務として地域で君臨してきたと言ってもよいと思うが，それが終わるかもしれない，終わりそう，そんな気配である。

　そこで銀行は今まで私たちに紹介し繋いできた顧客ニーズをできるだけ内製化，すなわち，銀行自身で行うように変わろうとしている。もし，そうなると，今まで顧客を紹介してくれた銀行がにわかに会計事務所にとって強力なライバルになるわけだが，実際にそうなるであろうか。

　私はそうはなりにくいと思っている。まず記帳代行業務を我々に取って代わって行うようになるかと言うと，利幅が薄いし，その割に手間が掛かるの

で銀行は取り組まないだろうと思う。それ以外の会計事務所の行っている相談業務については、片手間では本物の指導にならないと思うので、苦戦なさると思う。

とは言え、もしそうなっても我々職業会計人はそれに負けないようにあらねばならない。そしてこの競争は我々が真剣に取り組めば負けることはあるまい。仕事はそれが難しければそれに応じて世の中の評価は高くなる。もし銀行の方々と競合し競争するようになるなら、我々の職業の社会におけるステイタスは上がるのであるから面白くなる、と言うべきものである。すなわち銀行がライバルになることはない、と思うけど、もしそうなったら会計事務所のステイタスアップになるであろう。

これらを要約すると、記帳代行業務の上に胡坐（あぐら）をかいてはいられなくなるだろうけど、会計業界のステイタスは若干上がると思われ、やり甲斐が出、楽しくなる。すなわち、本来あるべき方向に変化すると思う。楽しみだ。

記帳代行業務作業がほとんどのケースでは仕事に面白味に欠けるが、考えて行う工夫が必要になると仕事は一段か二段ランクアップし面白くなる。故に、これからの会計事務所業務は取り組み甲斐のある方向に変化すると思う。

「心と行動の基軸」（抜粋）

山田グループでは、こういう場合にはこうすべきだろうとか、こういう場合にはこう考えるべき、と思うことを「心と行動の基軸」と称する1冊の本にまとめ、メンバー全員がそれを持ち、朝礼や夕礼などで皆で読み合わせしている。

ここでは皆さんにも役に立つと思うものを「心と行動の基軸」からピックアップしたものを中心に、その他私が書いたものを加えて、次に14項目紹介する。読者の皆さんのビジネス人生に役立てていただけると有難い。

序章　会計人としての基軸
税理士・会計士人生を振り返る

01

友達は自分の鏡である
目標になる良い友達を持ちたいものだ。

志が高く，自分は将来どうなりたいとか，日本は日本人はどうあるべきとか，大悪や小悪に対して憤ってよく怒る，とか，新聞は１面から読んでスポーツ欄は読まないか読むとしてもチラッと見るくらいとか，自身の目標を持っていてその達成の努力を地道に続けているとか，等々という具合に，いわゆる一般的に堅いとか，堅過ぎるとか言われることの多い人がいたとする。

逆にそれと正反対に，会って話をすると話題が豊富，スポーツ，芸能，映画，漫画，雑誌，ゲーム，旅行，同級生の消息，ひいては同級生の趣味とか友達関係，等々，軽いけど面白い話題一杯で，遊びが上手く，付き合っていると楽しい，けどただ楽しいだけであまり中身がないかもしれない，どちらかというと軽いタイプの人がいたとする。

貴方はどちらのタイプが好きだろうか。貴方の友達はどちらのタイプの人が多いだろうか。

貴方の友達の中には少なくとも前者，すなわち，堅いタイプの人が２～３割はいる，それ以上かもしれない，というのなら，貴方のことは心配しなくて良かろう，自分の将来について自分で考えてしっかり生きていくであろうから，と思う。というのは人間は不思議に自分に似た人を友達に選ぶので，逆に言うと似た人から貴方が選ばれて友達関係が成立する傾向にあるので，貴方は少なくとも自分は

こうありたいと望む人生を目指した生き方をするしっかりタイプの側面を持っていると思うからだ。

もし貴方の友達がほとんど後者，すなわち，いわゆる軽いタイプの人だったら十中八九または９割以上の確率で貴方も軽いタイプの人間だろうから貴方の将来が心配である。確かに楽しいとか明るいとかは人間として持っていた方が良い，必要な要素だと思うのだけど，いわゆる軽い要素ばかりだと，目標とか努力とか計画とかと程遠い（持ち合わせていないという意味），今日の続きが明日，という具合の成行きの生活をしている人だと思うし，友達はそういうタイプの人ばかり，という貴方だったらその友達にそっくりの可能性が高いので１回じっくり自己分析すべきと思う。夫婦も似ている。互いに気に入った人間同士だから，似ているところがある。こう考えるとケンカした時でも怒りも少なくて済むから夫婦喧嘩が減り夫婦円満となる。

尊敬する友達，目標とする友達を持とう。

02

ワーク・ライフ・バランス
どういう人生を送るかを判断し，自分でバランスを決めよ。

以前「世界に一つだけの花」というタイトルでオンリーワンを目指そう，とする内容の歌が大ヒットしたことがある。しかし私はこの表現は嫌いだ。この表現だと，人間は誰もがオンリーワンなのでどんな人でも自分を肯定できてしまうから，甘過ぎると思うのだ。それもわかっていて "オンリーワン" をと言うのならまだしもだが…。それと似た感じで，ワーク・ライフ・バランスを "９時から５時まで働けば十分。後は遊ぼうが何しようが勝手でいいのだ" としてしまうと，間違う危険性があると思うのだ。

　アメリカ人の仕事への取組みは大部分の人がいわゆる９時５時型，すなわち，決められた時間だけ働くというスタイルだそうだが，ではそれがアメリカの全ての国民か，と言うとそうではない。一部には，いわゆるアメリカンドリームと言われる出世とか成功（名誉と経済の両方があるであろう）を目指す人がいる。こういう人は寝食を忘れて仕事に没頭し，30歳代，40歳代に大成功することを目指す。そして実際にそうなったら，早い場合には40歳位で現役から退いて，次の世代を育てる仕事やボランティア活動等を行う人が多いのだそうだ。

　アメリカの中学生用のファイナンシャルプランニングの教科書に，大人になったらどうなりたいかの目標を尋ねる項があり，５時に仕事を終えて夜は家族とゆっくりしたい，という箇所に丸印した子供が，なりたい職業として，社長になりたい，としたケースに対しては，貴方の選んだ両方を同時に成立させるのは無理でしょうから，もっと考えた方が良い，社長になりたいのなら毎日夕方５時に仕事

を終えるのは無理，９時から５時の仕事にしようとの心構えでは成功は覚束ない，場合によっては深夜まで働くことも多いので，そのつもりがないと社長には向かないよ，と指導している，とあった。

　これを見て私は，本音の教育指導をしているんだ，アメリカは凄い国だと感じ驚いた。そうですよね。９時から５時の仕事対応でビジネスマンとして大成功して超裕福になるというのは，宝くじで10億円当てないとまず可能性はないと言って良いでしょうし，自らと自らの家庭を最優先にする国民が一般的で普通というのはそれはそれで良いとしても，別途，もっと大きな夢を持ち目指し，世の中と会社や国を引っ張るリーダー候補もいなければ国としては困るのですから，そうだ，そうあるべきだ，と思った。

　さて，昨今，我が国では，ワーク・ライフ・バランスの取れた人生を送るべきであり，それが良い，と言われているけど，この言葉は誰に対して言われているのだろうか。すなわち，日本国民は皆そうあるべきだとの観点から言われている

のだろうか。

少しおかしな言い方になるかもしれないが，一般の国民に対して言っているに過ぎない，と私は思う。すなわち，全国民に対して言っているのではない，すなわち，自分は，私は，普通では嫌だ，世の中をリードするような人間になりたい，と考え目指す若者に呼び掛けている言葉では，まさかあるまい，と思う。もし日本国民全員が9時から5時の労働を目指し，自分と自分の家庭だけのいわゆるささやかな幸せだけを目指す国民になってしまうと，日本にはリーダー的な人材が育たない，ということになってしまい，そうなると日本は没落国家になってしまうのだから。

超のつく有名プロゴルファーのジャック・ニクラスは子供さんの入学式（だったと思う）に出席（参加）するためにトーナメントを欠場して，自家用ジェット機で自宅に帰った，と聞いたことがある。毎日の仕事が9時から5時というわけではなく，大切な行事の時には欧米人は家族ごとを優先するのが普通，ということのようだ。こういうことはたとえば，日本で活躍中の米国人のプロ野球選手が

シーズン中であっても出産の立会いのために米国に帰る選手がいる事実でも私たちは知っている。

要するに，人間は二兎も三兎も相当の運か縁がないと追うことはできないという現実をできるだけ早く，できれば子供のうちに認識し，自分はどのような人生を送りたいかをできるだけ早く自らの意思で決めて進む，そして，経済的な大成功とか名誉とかの夢を掲げなかった人は大成功した人を妬まない，そうあるのが良いと思う。

ところでつい数日前，霞が関のある役所のトップまで登り詰めた方の話を聴く機会があった。その方は30歳代のある時に異なる役所である日銀に出向経験した際に，勉強不足を感じて毎日曜に弁当持参で朝から晩まで勉強のために図書館通いをしたことがあり，結局現役時代には仕事で深夜または早朝になることが多かった為に子供達と遊ぶ機会はほとんどなかった，と言っておられた。日本人にはそういうタイプの方が非常に多かったことを知っているので，私は，成る程，そういう人が日本をここまで引っ張ってきたんだよなあ，と改めて思った。

● 会社はワーク・ライフ・バランスが実現できるように制度を整え運営（経営）する必要がある。

● 社員個々人はどういう人間を目指すか，どういう人生を送るか，を自ら考え判断し，それを実現する道を自ら選ぶ権利があり，その結果訪れる結果は自らの責任で受け入れるべきである。

尊敬する人から一目置いてもらえるような人間を目指そう。

豊かな人生を生きる良い方法手段としては，大尊敬する人を持つこと，というのがある。尊敬する人を真似た人生を送れば自ずと自分も少しは立派な人間になると思うのだ。そこでもう一歩踏み込んで尊敬する人から一目置いてもらえる人間になれば，より立派な人間になれる，そう思うのだ。

凄い人，立派な人，尊敬する人から，評価され，一目置いてもらえるような人間になって欲しい，そうなれるよう目指して欲しいと願う。そして，そういう人と対等に付き合ってもらえる人間に育ってくれると嬉しい，そう思っている。

39歳の時に話したことを紹介しよう。

● **プラスαを持った業界人が渇望される**

「あの方は，公認会計士なのに立派な人ね」

「○○さんは，税理士なのに尊敬できる人だわ」

こういうニュアンスの言葉を聞いたことがありませんか。われわれ職業会計人がまとめて侮辱されたようで，大変に悲しく思います。

しかしこれからは，われわれも自分自身のことを見つめ直す時期にきていると思います。世間の人たちがわれわれ職業会計人をどう見ているのかということも，重要な問題として考えるべきではないでしょうか。

私は会計業界だけでなく，世間一般の世界で一流と評価されている人たちと対等に付き合えるようになりたいと思っています。(無理かもなあ…)とは思いつつも，会計業界の中だけでなく世間の中から頭一つ出たいと指向しているのです。

税理士として，または，公認会計士として活躍しておられるたくさんの立派な先生がおられるのも事実である。他方で上記のような表現があるのもまた事実である。皆さんにはまず「士族」の一人として皆に認められ評価される専門家になってもらいたい。そしてできれば，皆さん自身の尊敬している人から一目置いてもらえる人間になってもらいたいものと願う。

税理士であること，公認会計士であること，弁護士であること，それらはそれだけで凄いことかもしれないけど（私はそう思わないが），その人が立派な人ってことではない。
立派な人となるには"人物"でなければならない。

20

序章　会計人としての基軸
税理士・会計士人生を振り返る

04

人の心を読めない（読まない）人は，ビジネスにおいて結果は出せない。

自分のことばかりが優先してしまい，他人のことに思いや心がいかない人は，他人に大切にしてもらえないと思う。他人に評価してもらえないと思う。他人に評価されない人は，成功の階段は登りにくかろうと思う。

小さな子供は相手の心なんて読まない，慮らない。しかし，子供でも少し年齢を重ねると賢い子は相手の心を読むようになる。

ところが，大人の中には，相手の心を読む，すなわち，どうすれば気に入ってもらえ，どうすれば嫌がられるかを考えようともしない人がいる。実はそういう人が意外に多い。

幼児返り，という感じであろうか。自分のベクトルでしか物事を考えない，見ない大人が意外に多いのである。こういう人にはいわゆる作業としての仕事（すなわち Job）はできても，交渉事とか，注文を取るとか，説明するとか，説得す

るとか，すなわち対人感受性が物をいう仕事（すなわち Work）はなかなか上手くいかない。仕事で結果が取れる（出せる）可能性が低いのだ。こういう人に仮に結果が出たとしても多分それは偶然の産物ということが多いのだろうと思う。

プロは相手の心を読む。スポーツの野球ですらそうだということは皆知っている。キャッチャーはバッターの心や場や諸々の状況を読みながら，ピッチャーに対して次の球を要求する。ビジネスも相手の心を読む必要があるのだ。すなわち，ビジネスでは心理学も滅茶苦茶に重要なのだ。いや，ビジネスでは心理学が必須なのだ。

人の心，相手側の会社の思い，を読めない人にはビジネスにおける成功はあるまい。

心で逃げるな。
そして，頭で限界を決めるな。

少々辛いくらいで，克服したい対象を意図的に忘れる人，すなわち逃げる人は，大きなことはなかなか実現できないだろうと思う。もう少し頑張れば実現することも少なくないのに，もったいない，というべきものだ。

スポーツジムでトレーニングしている時インストラクターから教わった。「もう駄目だ」と思ってからも後2割はできるんですよ。人間はそんなもんなんだそうだ。

女子マラソンを見ていた。4人の先頭集団を走っていた新人（初マラソン）が30km過ぎで遅れ始め，先頭グループの3人から100m位差がついてしまった。40km近くの所で先頭集団の1人が急に体調が悪くなったらしく遅れ始め，4位に落ちていたその新人ランナーとの差が半分に縮まった。するとそれを見た4位を走っていた新人の足取りが急に元気になり，3位のランナーに追いつき，そして抜き去り，結局3位，2時間27分21秒で，10代女子日本歴代最高タイムとなった（19歳，岩出玲亜さん）。前を走っていたランナーの急激なスピードダウンによる距離の縮まりが彼女を再び元気にし，それが10代女子ではじめての20分台という新記録（2014.11.16）の要因になったのだというのが，見ている誰にもわかる感じの回復と走りだった。

であるから，やはり本当の体力の限界ともう駄目だと思う心との間には2割位の差があるのだな，と思った。

何かを目指して途中で止めてしまう人は多い。逆に，ものになるまで続ける人は一握りもいない，そう思う。止めてしまう人の多くは体力の限界の80％よりももっと手前で止めてしまう人が少なくないということらしい。どうも私たち普通の人間はそういう傾向にあるような気がする。

だから思う。「もう駄目だ」と思うところまで必死に続けている人は極めて少数グループであり，大したものなのだ，と。それだけのところまで来ているのだからそこでやめてしまうのはもったいないのだ，と。

「もう駄目だ」と思うくらいまで頑張っている人には，私は強烈なエールを送りたい。

「もう少しなんだよ。もったいない。頑張れ」

物事を成し遂げる人は，
最後のもう一歩，最後のもう一踏ん張り，のできる人らしい。
最後まで諦めない人ってことらしい。頑張ろう。

序章　会計人としての基軸
税理士・会計士人生を振り返る

06

出る杭を求む
よいリーダーがいる組織は強い。リーダーよ，出て来い。

平均値から抜け出て，出る杭になれば，自ずと目立つようになり，人生は楽しくなると思う。もう少しだ，頑張ろう。

「出る杭（または釘）は打たれる」という。大辞林には，①頭角を現す者はとかく他の人から憎まれ邪魔をされる，②よけいなことをする者は他から制裁を受ける，と説明されており，新明解国語辞典には，@すぐれた者はとかくねたまれがちだ，⑥よけいなことをすると仕返しされるものだ，とある。すなわち，いずれも頭角を現す者，優れた者は妬まれたりするよ（人間そういうところがあるのさ）仕方ないね，という説明が第1にあり，2番目に余計なことをすると～という具合に，出る杭を若干否定的な感じで説明している。すなわち，第1番目の説明・意味は出る杭に対して決して否定的ではない。

ところが我々は何となく，出る杭となるのは人間としていかがなものか，慎むべきであろう，という感じに，出る杭を否定的に捉える傾向がある。人間は横一線の平等がいいのさ，しゃしゃり出るの

はよくないよ，という感じである。

しかしこの感覚は間違っている。

どの動物の群にもリーダーがいないと統率がとれず，外敵から身を守れないし，生きていけない。人間社会も一人ひとりが勝手だとバラバラであり，リーダーがいてまとめ引っ張らないと良い会社は作れないし，折角の良い会社だとしても維持できない。

我々山田グループは出る杭を求める。それもできるだけたくさんの出る杭を歓迎する。そして，出る杭には打たれ強くなってもらいたい。打たれても打たれてもへこたれず，打たれる度に強くなって成長して欲しい。そして我々の組織を引っ張る，他にない程の強いリーダーになって欲しい。

もちろん組織はそのような意思を持った仲間，出る杭を尊重し処遇し育てなければならない。出る杭を皆で賞賛しよう。

どんどん出てこい，出る杭出て来い。
出る杭が我々の組織を引っ張ってくれる。
出る杭を大切にし，しっかり処遇しよう。

07

悩みを乗り越えて人は成長する。

私の好きな言葉に「悩みがあるってェことは，可能性があるってことサ」というのが
ある。悩みにも可能性がある，と思えれば元気になれるからね。

「ェ」と「サ」は東京弁故。これがあっ
てはじめて小気味良く，元気になれる，
そんな気がする。国鉄を退職して後，公
認会計士として就職したのが東京生まれ
育ちの弁護士伊藤友夫先生の事務所。先
生はフルブライトの1期生としての留学
経験を持つ，当時としては珍しい渉外弁
護士だった。顧客はアメリカやヨーロッ
パの企業が多く，それら企業の税務・会
計の担当が私の仕事だった。

当時（26歳からの7年間）は先生に
迷いや小さな悩みを相談したものだった。
そんなある時「山田君，悩みがあるってェ
ことは，可能性があるってことサ」と軽
やかな口調でおっしゃったその一言で気
持ちが軽くなった私に，さらに「今日は
ここまでにして飲みに行こう」と仕事と
遊びの切り換えを意識してなさった。

人間ってェのは面白い動物だと思う。
大きな悩みを乗り切ると次の瞬間には小
さかった悩みが膨らんでちゃんとした悩
みになっている。多分本人の性格がそう
させるのだろうけど，結局いつも何がし
かの悩みを抱えていることになる。そし
てその時その時でそれなりに苦しんで乗

り切り，少しずつ成長する，そんな気が
する。

伊藤事務所から独立して2～3年間は，
今年は（も）仕事の依頼がくるだろうか，
と毎年不安の正月。軌道に乗って事務所
スペースを拡大したら，きちんと給料や
家賃が払えるか，仕事で間違いをしでか
すことはないか，等が加わった。さらに
社員が増えると，彼等に喜んでもらえる
経営は，マーケットの変化は，マクロ経
済は，等々悩みも変化累積，結局悩みな
がらも必死に仕事をしてきた。気がつい
たら，「悩みがあるってェことは…」と
私が若い社員を励ます立場になっており，
あの時のあの若者達が一人前の専門家に
成長してバリバリ働いてくれている。そ
れを嬉しく眺めながら，還暦を過ぎても
なお元気にビジネス人生を送れているこ
とを幸せに思い，やっぱり悩みがあるっ
てことは可能性があるってことなんだ，
と思う。

そして今，不安や悩みと闘いながら，
どんなことが起きても我々は我々の組織
は前向きに進み続けるぞ，と気持ちを新
たにしている。

悩みがあるってェことは，可能性があるってことサ

24

序章　会計人としての基軸
税理士・会計士人生を振り返る

今の君が10年後の君だ。
それ以上はない。

そうなんだよねェ。今をダラダラと生きてしまいそのための努力を惜しむと，今以上の人間になれないのサ。人生いつも結局今が大切なのサ。

　表題の言葉は，極めて簡潔で的を射た言い方，それもはじめて聴いたかっこいい表現であり，まさにそうだ，と思ったけれど，残念ながら私が考えた言い方ではない。今まで私は，10年なんてあっという間だ，だから10年後にどうなりたいか目標を明確にしてそれに向かって努力しなければいけない，そうしないと普通のおじさん，普通のおばさんになり，あっという間に60歳になり70歳になってしまうよ，という具合に，誰もが言う言い方しかできなかった。

　しかし，今の自分，今の心掛け，今の努力，の延長が10年後の自分なのだというところのこの表現「今の君が10年後の君だ。それ以上はない」と言い切る言い方の方が数倍も，いや数十倍もどきっとするから，言われた者に強いインパクトを与える。

　そうだ。そうである。「今の君が10年後の君だ。それ以上はない」

　イチローに「自分の自慢は何ですか」と問われて，"そうですね。高校生の時に，毎晩寝る前に10分間素振りをすること，と決めて年365日，3年続けたことですかね」と答えたそうだ。普通今日の練習はいつもの5割増ししよう，と時々，たとえば調子が良い時に考えて実践する人はいるけど，毎日10分間練習すると決めて，年365日，それを3年間続けた人はイチロー以外にはいないのではなかろうか。凄い人はやはり凄い。

　ところが実は，イチローは毎晩10分間ではなく，毎晩素振りを欠かさなかっただけでなく，しょっちゅう1時間も2時間も素振りをしていたのだそうだ。

　凄い人はやはり凄い。

ただ日を重ねると，ただそれだけのこと。
一歩，一歩，また一歩。
歩き続けた者だけが成長する。

09 「強い者賢い者ではなく変化できる者が生き残る」（ダーウィン）

経営は環境適応業だ，という。ビジネス環境が変わる時，その変化に対応してビジネスモデルを変更しなければ，いずれそう遠くない時期に淘汰される側になってしまうだろう。逆に環境に対応・適応できれば，勝ち組に残るであろう。

今強い者，または今賢い者が，そのままのビジネスモデルで30年後40年後にも強い者または賢い者としてビジネスの世界において存在していることはまずあるまい，否，ない。

さて我々はどう受け止め，行動すべきか。正解は柔軟に考え続け，考えることを止めないで考え，その考えに従って自らを鍛え変革し，前へ前へと挑戦し歩み続ける，そういうことである。

人類の歴史の中で世の中が平穏で変化しなかったことは一度もない。いつの時代も何がしかの変化はあった。たとえば2008年にはリーマンショックがあったし，2011年には東日本大震災が，そして2016年は熊本地震が。

我々たった1千人強の集団なんて変革を怠ればひとたまりもないのだ。この事実は常に忘れてはならない。実は山田グループも環境の変化に合わせて時には大胆に，時には慎重に，ビジネスモデルを変えながらここまで戦ってきたのだ。このことを知らない最近のメンバーの思考と変革に対する柔軟性の弱さは気になり心配だ。

とはいえ，このように先が見えないことが経済を難しくしているけれども，それがまたゲームの勝者を敗者にしてしまったりその逆もあったりで，だから経済は面白いともいえる。だから全ては挑戦だ。我々は己が信じる方向に向けて一歩一歩前進し続けるしかないのだ。

人生，良い時もあれば苦しい時もある。それが人生というものであろう。であるから今の苦しみに滅入り切ってしまわず，できるだけ気分転換して乗り越えながら，苦しみも変化の一つ，くらいに割り切って，淡々と今日一日の人生を積み重ね続けよう。

自分は負けるかも，と考えて勝った人がいないことを知っている我々，自分が負けるはずがないと考えた者の中からビジネス人生の勝者は生まれた，と考える我々が行うことは一つ。

「心を強く。己が信じるところをひたすら真っ直ぐ」

勝って兜の緒を締めよ，
今勝っているからといって明日も勝つとは限らんのサ。

序章 会計人としての基軸
税理士・会計士人生を振り返る

10 選ばれる人，選ばれない人
民主主義の国では顧客は人を選ぶ

仕事を頼まれるってことは，信頼されており評価されているってことなのだ。仕事が順調ってことは頼りになると選ばれていることなのだ。君には選ばれる人間になって欲しい。

　私の大先輩の公認会計士が公認会計士協会の会長だった時に，ある会員会計士からクレームの電話を受けたのだそうだ。何のクレームか，それは，自分は頑張って合格し公認会計士になったのに仕事の依頼が来ない，おかしい，不平等だ，何とかしてくれ，というクレームだったのだそうだ。

　皆さんも，変な人がいるもんだ，試験に合格したのに仕事の依頼が来ない，おかしい，不平等だなんてクレームをつけるなんて，それも公認会計士協会の会長に，と思ったでしょう。資格を取ったら誰にでも仕事の依頼があるなんてことはない，それも平等になんてもっとあり得ない，と。では仕事の依頼を受けるには個々の公認会計士はどうなる必要があるだろうか。そうだよね。知り合って，選ばれて，その上ではじめて依頼が来るのだから，選ばれなければならないのである。

　実は人間はお互いに幼い時から選び選ばれている，または，はじき，はじかれて生きてきた。友達になるならない，それも親友になるならない，もっと重要なケースだと，恋人になるならない，夫婦になるならない，という具合にね。ビジネスも，この人とビジネスをするかしないかはそれぞれの自由だし，仕事を頼むか頼まないかも自由だ。

　であるから，我々も，選ばれて仕事を依頼してもらわねば仕事はない。であるから，プロとして選ばれるようになる必要があり，そのことにあまり自信のない人は，既に仕事がたくさんある組織に所属して，その組織にある仕事をこなす，この道を選択するのが良いということになる。

　要するに一人のプロとして選ばれる人間にならねばならないわけで，広告・宣伝も必要だけどそれより根本的に重要なことは，ニーズを持った人や企業に選ばれるに値する「人間性」「人格」「品格」「風格」も必要，それも水準が高い程競合優位になる，ということだ。

共産主義や社会主義の国では，国家が仕事を割り振るけど，民主主義の国では依頼人が選ぶ。選ばれなければ仕事は来ない。個が選ばれる最大の要素は人間性だ。好かれるか否かだ。

11 仕事を楽しめるようになる方法
頭一つ抜け出すと仕事は楽しくなる。

仕事のできる人の多くは，その仕事を楽しんでいる。仕事が楽しめるなんて幸せな人だと思う。仕事を楽しめるくらいに実力を身に付けて欲しい。

子曰く，
「之を知る者は，之を好む者に如かず。
之を好む者は，之を楽しむ者に如かず。」

単に知識として身につけているだけの者よりは，その仕事を好んで行っている者の方が良い仕事をするし，その仕事での成功確率は高い。ところが，その仕事を楽しんで行う者は，その仕事を好きで行っている者よりはさらに良い仕事をするし，その仕事での成功確率はより高い。すなわち，知っている，よりは，好いて行っている，の方が上，そして楽しんでその仕事を行う者はさらにその上，ということだ。

だとすると，問題はどうすればその仕事を楽しめるようになれるか，である。

答えは簡単なのではないだろうか。すなわち，教わったことをただ真似て行う状態からできるだけ早く脱却し，自分自身の地頭で考えて納得理解して身につけ，そしてそれを極めることである。すると

自分に自信がつく。自分は周りより優れているという風に自信を持つと自然に仕事は楽しくなる。

自信を持って仕事をすると依頼人にもすぐにそれは伝わり，信頼できる人，と感じてくださるのは間違いない。すると依頼人は喜んでくださる。すると仕事はさらに楽しくなる。楽しくなると人間はさらにその仕事に関することを追求し考えるようになるからより実力がつきライバルを凌駕し，やがてはその人の周りにはその人のライバルそのものがいなくなる。つまり好循環の繰り返しになるのだ。そうなるとしめたものだ。ところがほとんどの人間はほどほどで満足し努力を止めてしまう。もったいないのだがそのことに気づかない。

つまりその仕事を極めるまでその仕事を自分のものにすると仕事は楽しくなるのである。

仕事を楽しめるようになればしめたものだ。
どんどん上達する。
すると顧客も大いに喜び評価してくださるので，
どんどん仕事が上手くいく。そのための妙手はない。
が，努力して頭一つ抜け出すと好循環が始まる。

序章 | 会計人としての基軸
税理士・会計士人生を振り返る

12 就職先の選定。
「どのように働けるのか」にこだわれ。

今，ビジネスの世界の変化は著しい。この前まで花形職業だったり，花形企業だったりしたものが，突然苦しんでいることも多い。形にこだわらず，何をすべきか，何をしたいか，を考えて就職先を選ぶのがよい，そう思う。

先日ある日刊新聞にて我が国を代表する企業の社長が若者に表題の呼び掛けをしておられた。私自身は「そうだ，そうだ」と思いながら読んだのだが，呼び掛けられた方の若者達はどう受け止めたのか気になった。

推測するに多分，学校や塾の先生に教わるままに知識を詰め込む方法で勉強してきた若者にはほとんどこの呼び掛けの心（意味）は届かなかったのではなかろうか。対して，勉強テーマについて，自分で考えて整理し理解しようと努め理解し納得する方法で学ぶ習慣のある若者（このような若者は多分本質的に優秀な傾向にあると思う）には響いて届いたに違いない，と思った。そしてそのような若者は呼び掛けをした社長の会社を自分の就職候補会社として意識するに違いない，と羨ましく思った。

振り返って自分の場合はどうだったか。残念ながら私の最初の就職の場合も，良い会社（と言われている）か否か，安定的か否か，で決めた。そして勤め始めてみて，「この仕事は自分には向いていない。組織の諸々の事も自分には向いていない。何とかせねば」と考え，結局その会社は退職して今の職業に転職したのだった。

この私の経験からも，若者には「どのように働けるのか」，「どのように働きたいのか」にこだわって就職先を見つけて欲しい，そして働くことに意義を見出し思う存分に働いて（活躍して）欲しい，と願う。

「何をやっている会社か」より
「どのように働けるのか」にこだわれ！

29

13

調子が悪い時でも一緒に踏ん張ってくれる社員（仲間）をたくさん持つ人，それが本物のリーダーだ。

仕事が上手く進まない時に辞めてしまう部下ばかりだと苦しい場合には結局自分一人が残ることになる。人望がないってことかな，こうなってしまったら大変だ。

事業の調子が良い時は人は集まるし，また，定着してくれる傾向にある。

事業にはどうしても波があるし，また，時には失敗することもある。波の底の方にベクトルが向いてしまった時に，または失敗して後始末の仕事に明け暮れる時に，同志だったはずの仲間が櫛の歯が抜けるように辞めていくとすると，その原因はリーダーそのものにあると言わざるを得ない。すなわち，人望がない，その一言である。

事業の調子の良い時は，極端に言うとどんなリーダーであろうともほどほどに人は集まる。現にどんな会社だって（どんな会計事務所やコンサルティング会社であろうとも，そしてそれがどんなに小規模であっても），ほどほどに人は集まるし，活気づく。しかし，それだけだと，一旦調子が悪くなると社員が一抜けたと辞めてしまい没落するのは早いし，いつの間にか消えていなくなってしまう。申

し訳ないけど，普通の人が経営する組織はそういうケースが一般的なように思う。皆さんもそう思うだろう。

しかし人望のあるリーダーの引っ張る組織は違う。良い部下程残って一緒に踏ん張ってくれる。だから，どこかの時点で下げ止まるし，そしてまた，復元するし，ひいては再びの進撃もある。すなわち，人望のあるリーダーの下だと良い人間が集まるので，良い人間程ただ金とか調子良いだけで集まってくれているわけではなく，心の繋がる同志といえる存在なので逃げる（逃げられてしまう）確率が低いのだ。

リーダーたるもの，苦しい時にも残って一緒に踏ん張ってくれるであろう仲間を多く持つ，それができる，そういう器の人間になるべく目指そう。結局のところその努力は自分のためにもなる。自分の自分に対する満足度やほこりは高くなるし，いざという時にも強い。

> 調子が悪くなった時人が逃げる
> そうならない経営を実現しよう。

序 章　会計人としての基軸
税理士・会計士人生を振り返る

14

理想を語る，夢を語る。

理想を語らない人は夢のない人だと思う。
夢のない人の下で働きたいと思いますか。

理想を持つ仲間が好きだ。
理想を語る熱い仲間が好きだ。
理想を追求し実現しようとする仲間が好きだ。
理想を語れ，いつまでも語れ，例え青二才と言われようとも。

夢を持つ仲間は前向きで信頼できる。
夢を語る仲間は頼りになり心強い。
夢を追い求め実現しようとする仲間の目は輝き美しく気高い。
夢を語れ，いつまでも語れ，青二才と言われる方がまともなのだから。

理想や夢を語る人は純で志の高い人だ。
理想や夢を語る人は熱く，自分に厳しく他人に優しい人だ。
理想や夢を語る人は心が強く健康で，前向きな人だ
だから私は，理想や夢を求め語る青二才と共にありたい。

年齢ではない。いつまでも理想と夢を持つ人が
経営者として適格な人だと思う。
故に経営者はいつまでも青二才であってよいし
そうあるべきなのだ。

CHAPTER 1

会計業界って
どんなところ?
会計士と税理士とコンサルタント

● 本章のテーマ

吉澤：「会計業界」って，たとえば「テレビ業界」とか，「自動車業界」とかと違って，一般の人に馴染みが薄いよね。

本多：イメージとしては，「会計士業界」，「税理士業界」，「コンサルティング業界」の総称って感じかな。

石倉：それぞれの業界が特徴的で，しかも互いに密接した関係だよね。

吉野：そこで，この章では実際にその業界で働く私たちが，この3つの業界それぞれについてお話ししましょう。

私たちがお話します！

優成監査法人　パートナー・公認会計士
石倉毅典
大学院修了後，キャリアとして農林水産省に入省。14年間勤務の後，退職。公認会計士を目指す。40歳で優成監査法人に入所し，現在，公会計部パートナーとして活躍中。

税理士法人山田&パートナーズ　マネージャー・税理士
吉澤大輔
新卒で当法人に入社。大手機関の事業承継部門の専属税理士として出向。現在は，相続・事業承継・M＆A・資本政策・金融と幅広い業務に従事している。

税理士法人山田&パートナーズ　税理士
本多慶子
アミューズメント会社に勤務後，一念発起し税理士を目指す。入社後は医療事業部に所属し，医療介護案件に従事。現在は資産税業務にも携わる。

山田コンサルティンググループ㈱　部長
吉野弘晃
新卒で入社後，製造業を中心に事業再生，成長戦略，マーケティング，オペレーション改善等のコンサルティングに従事。顧客とともに実行するハンズオン型のプロジェクト多数。

CHAPTER 1 | 会計業界ってどんなところ？
会計士と税理士とコンサルタント

CHAPTER ▶ 1-1
"会計業界"ってどんなところ？

　会計業界は，大きく3つの業界に分けられます。
　1つめは，「会計士業界」です。国家資格の公認会計士が活動するフィールドで，組織としては，監査法人や会計事務所などがあります。
　2つめが，「税理士業界」です。国家資格の税理士が活動するフィールドで，組織としては税理士法人や税理士事務所などがあります。
　3つめは，「コンサルタント業界」です。専門性の高いコンサルタントが活動するフィールドで，業務上，資格の有無は問われませんが，ファイナンシャルプランナーや中小企業診断士といった難関資格の保有者も多いです。組織としては，コンサルティングファームをはじめ，税理士法人や監査法人などがあります。
　以下では，それぞれの業界についてお話しします。

【図表1-1】　会計業界のイメージ

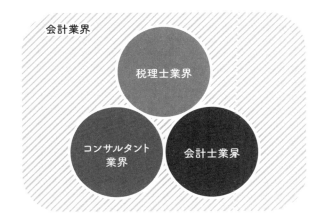

CHAPTER ▶ 1-2

会計士業界マップ

▶ 公認会計士の数

　公認会計士は,「上場会社などの財務諸表が正しく作成されているか」をチェックする"監査"という仕事を独占的に行うことが認められています。

　日本には，約3,600社（株式会社日本取引所グループ公表。2017年12月末現在）もの上場会社があるため，約3万6千人もの公認会計士（公認会計士試験合格者を含む）がいます（2017年12月末現在）。

　近年，IPO（Initial Public Offering）と呼ばれる株式公開（新規上場）を目指す企業も増えてきています。企業が株式公開をするためには，公認会計士や監査法人の監査を受けることが必須となっており，公認会計士が活躍する機会がますます増加しています。

　その一方で，公認会計士を目指す人が増えていないため，公認会計士の数が不足してきています。

【図表1-2】 上場会社数と公認会計士会員数の推移

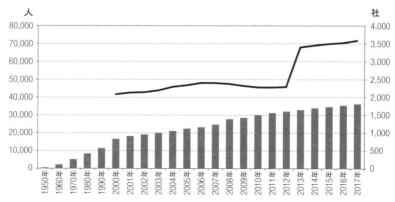

出典：公認会計士会員数　日本公認会計士協会　会員数調べ
　　　上場会社数　株式会社日本取引所グループ　上場会社数の推移（名証，福証及び札証の上場会社を除く）
　　　なお，2013年の増加は大阪証券取引所との合併によるものである。

CHAPTER 1　会計業界ってどんなところ？
会計士と税理士とコンサルタント

▶日本の監査法人

　日本の監査法人は，227法人あります（2017年12月末現在）。規模は大小さまざまですが，公認会計士がもっとも少ない5名の監査法人から，4千人を超える大規模な監査法人まであります。

　規模の大きい監査法人は大手監査法人と呼ばれ，特に売上高や公認会計士の数が多いEY新日本有限責任監査法人，有限責任監査法人トーマツ，有限責任あずさ監査法人およびPwCあらた有限責任監査法人をさして四大監査法人と呼ぶことがあります。これらの監査法人は海外のメンバーファームに所属しており，メンバーファームも世界的に大規模であるため，「Big4（ビッグ・フォー）」とも呼ばれています。

　大手監査法人に次いで規模の大きい監査法人は，準大手監査法人と呼ばれています。四大監査法人を除く売上高上位10位までの監査法人が含まれます。また，大手監査法人以外の監査法人すべてを総称して，中小監査法人と呼ぶこともあります。

　次に，大手監査法人および準大手監査法人の特徴についてそれぞれ見ていきましょう。【図表1-3】は各監査法人の売上高，クライアント数および職員数をまとめたものです。

　大手監査法人では，上場会社を対象とした金融商品取引法および会社法に基づく監査を100社以上行っており，その他の監査証明業務まで含めると1,000〜3,000社以上ものクライアント数があります。

　クライアントの中には，トヨタやソニーといった日本を代表するような会社もあり，子会社の数が500社を超えるような大規模な企業に対しても監査を行っています。海外へ進出している企業も多く，海外のメンバーファームとも連携しながら監査を行っています。

　このような企業は非常に大規模であるため，公認会計士は子会社をそれぞれ分担して対応していく形となります。そのため，子会社を担当している公認会計士にとっては企業の全体像が見えにくいということがあるようです。

　準大手監査法人では，上場会社の監査を40〜100社程度行っており，その他の監査業務まで含めると100〜500社程度のクライアント数があります。

　クライアントの中には成長途中の企業も多く，規模もさほど大きくないこ

37

【図表1-3】 日本の監査法人データ

順位	法人名	売上高（百万円）			クライアント数（監査証明業務）			職員数		
		監査証明業務	非監査証明業務	合計	全商法・会社法監査	その他	合計	公認会計士及び合格者	その他	合計
1	EY新日本有限責任監査法人	80,561	19,474	100,036	977	2,918	3,895	4,301	1,964	6,265
2	有限責任監査法人トーマツ*1	52,408	18,569	70,977	948	2,451	3,399	4,425	2,224	6,649
3	有限責任あずさ監査法人	72,160	23,792	95,952	756	2,725	3,481	4,424	1,591	6,015
4	PwCあらた有限責任監査法人	21,653	20,668	42,321	136	992	1,128	1,448	1,329	2,777
5	太陽有限責任監査法人*2	5,813	427	6,241	145	404	549	325	85	410*4
6	PwC京都監査法人	3,671	692	4,364	41	170	211	156	111	267*5
7	東陽監査法人	3,799	149	3,948	90	244	334	353	不明	不明
8	優成監査法人*2 *3	2,874	803	3,677	55	186	241	142	118	260*6
9	三優監査法人	2,361	185	2,547	63	119	182	143	47	190*7
10	仰星監査法人	2,112	280	2,392	64	145	209	210	24	234*8

出典：日本公認会計士協会　上場会社監査事務所登録情報，法人のホームページより集計。売上高は2017年6月期。
＊1　2017年5月期。当事業年度において決算月変更を行っており，8ヵ月決算となっている。
＊2　太陽有限責任監査法人と優成監査法人は2018年7月に合併予定
＊3　当事業年度において決算月変更を行っており，15ヵ月決算となっている。
＊4　法人ホームページより集計（2017年9月30日現在）
＊5　法人ホームページより集計（2017年11月30日現在）
＊6　法人ホームページより集計（2018年1月1日現在）
＊7　法人ホームページより集計（2017年8月1日現在）
＊8　法人ホームページより集計（2017年7月1日現在）

ともあり，担当している公認会計士にとっては全体を俯瞰しながら仕事ができるという点が特徴としてあげられます。また経営者との距離感も近く，コミュニケーションが取りやすいということも特徴です。

　監査法人の規模に関わらず，いずれにおいても企業を取り巻くビジネス環境の変化をしっかりと把握しながら，適切に指導していくことで，企業の成長に貢献できる点が公認会計士の魅力の1つといえます。

▶ 世界のメンバーファーム

　次に，海外のメンバーファームについて見てみます。公認会計士は各国の

法律に基づいて，監査法人や会計事務所を作っています。一方で企業の活動は国内だけにとどまらず世界各国へと進出し，グローバルに展開しています。そのため，監査法人などは国内だけでなく，海外においても監査を行っていくことが必要になります。そこで，海外の監査法人などと協力して監査を行う組織がメンバーファームと呼ばれるものです。

【図表1-4】は世界の主要なメンバーファームを取りまとめたものです。日本の四大監査法人は世界規模でも上位のメンバーファームに所属しています。また準大手監査法人についてもいずれかのメンバーファームに所属しています。

世界各国の公認会計士と協力して監査を行っていくためには，世界で共通となっている監査の基準や考え方を理解するだけでなく，メンバーファームとのやり取りができるだけの語学力を磨いておくことも忘れてはいけません。

【 図表1-4 】 世界のメンバーファーム

順位	名称	売上高 (百万USD)	会計年度	構成員		日本の提携先
1	デロイト・トウシュ・トーマツ Deloitte Touche Tohmatsu Limited	38,800	2017/5	263,900人	150ヵ国以上	有限責任監査法人トーマツ
2	プライス・ウォーターハウス・クーパース PricewaterhouseCoopers International Limited	37,700	2017/6	236,235人	158ヵ国	PwCあらた有限責任監査法人, PwC京都監査法人
3	アーンスト・アンド・ヤング Ernst & Young	31,404	2017/6	247,570人	不明	EY新日本有限責任監査法人
4	ケー・ピー・エム・ジー KPMG International	26,400	2017/9	197,263人	不明	有限責任あずさ監査法人
5	ビー・ディー・オー BDO International　Limited	8,100	2017/9	73,854人	168ヵ国	東陽監査法人, 三優監査法人
6	アール・エス・エム RSM	4,866	2016/12	不明	不明	RSM清和監査法人
7	グラント・ソントン Grant Thornton International Ltd.	4,800	2016/9	47,000人	130ヵ国以上	太陽有限責任監査法人
8	クロウ・ホーワース Crowe Horwath Interntional	3,708	2016/12	35,327人	129ヵ国	優成監査法人
9	ベイカー・チリー Baker Tilly International	3,235	2016/12	30,490人	147ヵ国	監査法人日本橋事務所, 如水監査法人, 監査法人グラヴィタス
10	ネクシア Nexia International*	3,207	2016/6	28,734人	115ヵ国以上	仰星監査法人

出典：法人のホームページより集計
＊ 当構成員については2017年1月現在の情報である。

また，日本の企業が海外に進出する際には，現地で会社を設立するための法律や手続，企業が支払う税金など，さまざまな制度を理解しておく必要があります。

　特に，現地で日本語対応ができる公認会計士は貴重な存在であり，国内で経験を積んで海外で活躍している公認会計士もたくさんいます。

▶ 年収比較

　さて，気になる公認会計士の年収について見ていきましょう。

　厚生労働省の賃金構造基本統計調査（2016年度）によれば，公認会計士および税理士の平均年収は，約864万円となっています。

　【図表1-5】を見てください。これは日本経済新聞社が調査した2018年の就職企業人気ランキングで上位に選ばれた企業の平均年収と公認会計士・税理士の平均年収を比較したものです。名だたる企業と比較しても遜色のない年収の高さとなっています。

　しかも注目していただきたいのは，就職人気ランキング上位の企業の平均年齢に比べて，公認会計士・税理士の平均年齢が低いという点です。これは年齢が若くして遜色のない年収が得られるということを示しており，その後の昇給を考えると年収はさらに上がっていくことが容易に想像されます。

　現在は，一般企業への就職も売り手市場と呼ばれていますが，とはいえ人気のある企業に就職するのは大変です。ましてや景気が悪くなれば，なおのことそのような企業に就職することは困難を極めることでしょう。

　その点，公認会計士であれば，景気の動向に左右されず，自分自身の努力次第で結果がついてくるという点で，非常に安定的で公平であるといえます。チャンスは十分にあります。

▶ 公認会計士のキャリアパス

　公認会計士試験に合格すれば，すぐに公認会計士になれるわけではありません。公認会計士として登録するためには，上場会社などにおいて監査の実務経験を通算2年以上積むことが条件とされています。そのため，公認会計

CHAPTER 1　会計業界ってどんなところ？
会計士と税理士とコンサルタント

【図表1-5】　就職人気ランキング上位企業の平均年収比較

(単位：万円)

順位	企業名	平均年齢	平均年収	順位	企業名	平均年齢	平均年収
1	伊藤忠商事㈱	41.5	1,384	16	日本航空㈱	39.6	859
2	㈱バンダイナムコホールディングス	46.2	1,354	17	トヨタ自動車㈱	39.0	852
3	東京海上ホールディングス㈱	43.7	1,348	18	㈱日立製作所	41.4	850
4	㈱三井住友フィナンシャルグループ	39.3	1,251	19	ANAホールディングス㈱	47.2	818
5	SOMPOホールディングス㈱	43.1	1,131	20	㈱エヌ・ティ・ティ・データ	38.0	812
6	サントリーホールディングス㈱	43.0	1,066	21	富士通㈱	43.1	797
7	㈱三菱UFJフィナンシャル・グループ	40.7	1,065	22	オムロン㈱	43.8	794
8	㈱博報堂DYホールディングス	42.2	1,057	23	パナソニック㈱	45.3	781
9	アサヒグループホールディングス㈱	42.2	996	24	本田技研工業㈱	45.0	776
10	㈱みずほフィナンシャルグループ	41.0	990	25	カゴメ㈱	40.9	742
11	第一生命ホールディングス㈱	41.9	986	26	東海旅客鉄道㈱	37.0	733
12	明治ホールディングス㈱	42.0	974	27	㈱資生堂	41.4	718
13	味の素㈱	43.0	952	28	東日本旅客鉄道㈱	40.5	711
14	ソニー㈱	43.1	911	29	㈱オリエンタルランド	41.5	653
15	公認会計士，税理士	38.4	864	30	キユーピー㈱	38.7	603
				31	山崎製パン㈱	38.1	569
				32	㈱エイチ・アイ・エス	33.5	433

＊1　対象企業は日本経済新聞　2018年就職人気ランキング（理系・文系）の上位20社（非上場会社を除く）。平均年齢及び平均年収は各社の有価証券報告書より作成
＊2　公認会計士，税理士の平均年齢及び平均年収　厚生労働省　賃金構造基本統計調査（平成28年度）より作成

士と区別するために，「試験合格者」と一般的に呼ばれています。

　試験合格者に対する職位の呼び方は監査法人によっても異なっており，「スタッフ」や「アソシエイト」と呼んでいます。また，入所した年次や経験年数を区別するため，「J1（ジェイ・ワン）」「J2（ジェイ・ツー）」などと呼ぶこともあります。ちなみに，「J」はジュニア・アシスタント（Junior Assistant）の頭文字から来ています。

　修了考査に合格し，公認会計士としての登録が済むと，「シニア」という職位になり，重要な業務を担当していくようになります。中には業務の全体的な管理やクライアントとの対外的な対応を行う主査（「インチャージ」ともいいます）として，活躍する人も出てきます。

　シニアになって4〜5年ほど経験を積むと，次は「マネージャー」として複数の業務のマネジメントを行うようになります。マネージャーの下には複

【図表1-6】 大手監査法人のキャリアパスと年収例

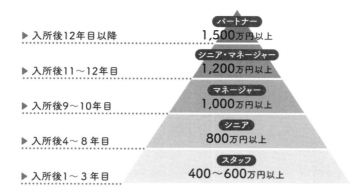

数のシニアがついて各業務を担当しており，これらの進捗管理や監査上の必要な判断を行うようになっていきます。

また2～3年ほどマネージャーを担当した後は「シニア・マネージャー」に昇格し，監査法人自体の業務も加わり，マネジメントの範囲が一層広くなります。入所してから12年ほど経験を積むと「パートナー」となり，監査法人の経営者兼出資者として参画するようになります。

【図表1-6】は大手監査法人のキャリアパスを示したものです。中小監査法人の場合は，大手監査法人に比べると若干早く昇格する傾向があるようです。これは職員数の違いや転職して公認会計士になった中途採用者が多いことなどが関係しているものと思われます。

また，【図表1-7】は，法人の規模別の平均年収を比較したものです。職員数が1,000人以上の法人と，100～999人の法人とは，さほど大きな差はないですが，99人以下の小規模な法人の場合には年収に差が生じています。

【図表1-7】 公認会計士・税理士の平均年収（法人規模別）

(単位：万円)

企業規模	平均年収	平均年齢	勤続年数
1,000人以上	916	36.3	9
100～999人	1,013	36.5	6.2
10～99人	643	42.9	10.3

出典：厚生労働省　賃金構造基本統計調査（2016年度）より作成

CHAPTER ▶ 1-3
税理士業界マップ

▶ 税理士の数

　日本税理士会連合会の調べによると，2017年度末現在の税理士登録者数は77,116人です。1995年度までは，年間の税理士の新規登録は1,000名を超していましたが，2000年度以降は500名前後から900名の範囲内で安定しています（【図表1-8】参照）。

▶ 税理士の男女比と年齢層

　日本税理士会連合会が集計した「第6回 税理士実態調査報告書(2014年4月)」によると，税理士登録者全体の男女比は，男性が85.1％で女性が12.8％（無記入が2.1％）でした。税理士登録の区分別で見ると，開業税理士（個人で開業している税理士）と社員税理士（税理士法人の社員税理士）の男女比は，全体比とさほど変わりませんでした，

　一方で，開業税理士や税理士法人の補助者として勤務している補助税理士(現在は「所属税理士」と呼びます)の男女比は，男性が68.8％に対して女性は28.6％（無

【図表1-8】 税理士増加推移

(単位：万円)

会計年度	1960年度	1965年度	1970年度	1975年度	1980年度	1985年度	1990年度	1995年度	2000年度
登録者数	10,888	15,827	24,024	32,436	40,535	47,342	57,073	62,550	65,144
年間増（※）	－	988	1,639	1,682	1,620	1,361	1,946	1,095	519

会計年度	2005年度	2010年度	2012年度	2013年度	2014年度	2015年度	2016年度	2017年度
登録者数	69,243	72,039	73,725	74,501	75,146	75 643	76,493	77,116
年間増（※）	820	559	843	776	645	497	850	623

※1965年度～2012年度は，年平均増
【参考：登録者数は日本税理士会連合会調べ】

【図表1-9】 税理士の年齢層

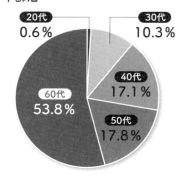

記入2.5％）でした。この結果の要因について複数人の女性税理士に質問したところ「安定的な収入を得られつつ，ワークライフバランスを実現しやすいからではないか」という回答が多かったです。

また，同報告書では年齢層についても記載されています。20代は0.6％，30代は10.3％，40代は17.1％，50代は17.8％，60代以上は53.8％（無記入0.5％）です。税理士業界は60代以上が半数以上を占めており高齢化を迎えています。これは，税務署等勤務経験を持つ人が退転とともに税理士登録する傾向を反映しています。

▶日本の税理士法人とキャリアパス

　税理士業務が委任された税理士とお客様との個人的な信頼関係に基づく面が強いという理由から，税理士法人制度ができる以前は税理士業務ができるのは資格を与えられた"個人"に限定されていました。

　しかしながら，社会経済の発展により個人のお客様に限らず，企業においても税理士に対するニーズが高まり，安定的，かつ継続的に多角的な業務が提供できること，個人よりも法人であるほうが，賠償責任能力が強化されることなどの効果が期待されることなどから，2000年の法改正により，税理士法上の組織として税理士法人が創設されました。

　日本税理士会連合会の調べによると，2017年度末現在において税理士法人の届出数は3,671件です。

CHAPTER 1　会計業界ってどんなところ?
会計士と税理士とコンサルタント

【図表1-10】 主な税理士法人一覧

会計事務所名	従業員数	関連会社	監査法人
税理士法人 山田＆パートナーズ	687名 （2018年4月1日）	山田コンサルティンググループ株式会社 弁護士法人Y&P法律事務所 山田＆パートナーズ アカウンティング株式会社 Y&Pコンサルティング株式会社 山田＆パートナーズ コンサルティング株式会社 山田ファイナンシャルサービス株式会社 相続あんしんサポート株式会社 スパイアリサーチアンドコンサルティング 司法書士法人山田リーガルコンサルティング 行政書士法人山田リーガルコンサルティング 社会保険労務士法人 山田労務コンサルティング	優成監査法人
太陽グラントソントン 税理士法人	110名 （2017年8月）	太陽グラントソントン株式会社 太陽グラントソントン・アドバイザーズ株式会社 太陽グラントソントン社会保険労務士法人 太陽グラントソントン・アカウンティングサービス株式会社	太陽有限責任 監査法人
KPMG税理士法人	約700名 （2018年4月）	KPMG社会保険労務士法人 KPMGコンサルティング KPMG FAS その他関連会社2社	あずさ監査法人
PwC税理士法人	約620名 （2017年6月30日）	PwCコンサルティング合同会社 PwCアドバイザリー合同会社 PwC弁護士法人 その他関連会社6社	PwCあらた有限責任監査法人 PwC京都監査法人
EY税理士法人	不明	EYトランザクション・アドバイザリー・サービス株式会社 EYアドバイザリー・アンド・コンサルティング株式会社 EY新日本サステナビリティ株式会社 その他関連会社7社	EY新日本有限責任 監査法人
デロイト トーマツ 税理士法人	811名 （2017年11月末日）	デロイト トーマツ コンサルティング合同会社 デロイト トーマツ ファイナンシャルアドバイザリー合同会社 DT弁護士法人 その他関連会社9社	有限責任 監査法人トーマツ
辻・本郷 税理士法人	1,130名 （2017年冬） ※関連会社の人数を含む。	辻・本郷 ビジネスコンサルティング株式会社 辻・本郷 ITコンサルティング株式会社 辻・本郷 社会保険労務士法人 その他関連会社4社	
株式会社AGSコンサルティング AGS税理士法人	349名 （2018年4月）	――	
税理士法人 平成会計社	298名 （2018年）	HSKコンサルティング株式会社	HSK ベトナム会計監査法人
TOMA税理士法人	200名 （2018年） ※関連会社の人数を含む。	TOMAコンサルタンツグループ株式会社 TOMA社会保険労務士法人 TOMA弁護士法人 その他関連会社11社	TOMA監査法人
東京共同会計事務所	181名 （2018年4月1日）	株式会社BTKソリューション	
株式会社青山綜合会計事務所 青山綜合税理士法人	174名 （2018年1月）	株式会社 ASA GLOBAL ASAアセットマネジメント株式会社 ASA IFRS サービス株式会社 Aoyama Sogo Accounting Office Singapore Pte. Ltd.	
税理士法人レガシィ	130名 （2017年10月31日）	――	
アクタス税理士法人	135名 （2018年） ※関連会社の人数を含む。	アクタスマネジメントサービス株式会社 アクタス社会保険労務士法人 アクタスITソリューションズ株式会社 その他関連会社2社	

注1) 会計事務所名に複数社掲載している場合，従業員数は複数社の合計人数です。
注2) 従業員数は，HP・就職冊子等で公に開示されている人数を掲載していますので，正確な人数と相違がある可能性があります。
注3) 従業員数は，特段の記載がない場合，会計事務所欄にある法人の人数を掲載しています。
注4) 関連会社には，資本関係のない法人も含みます。

45

【図表1-11】 税理士法人比較キャリアパス

入社1〜3年目	入社2〜8年目	入社3〜12年目	入社7年目〜	法人ごとに大きく異なる
スタッフ（アソシエイト）	シニアスタッフ（シニアアソシエイト）	マネージャー	シニアマネージャー	パートナー

※キャリアアップの年数はモデルケースであり，能力・実績・税理士法人ごとに異なります。

　税理士法人の職位は，法人ごとに異なります。入社後すぐの職位について，「スタッフ」と呼ぶ法人もあれば「アソシエイト」と呼ぶ法人もあります。

　スタッフは，マネージャーや先輩スタッフの業務を補助する役割です。業務補助を通じて仕事を覚え，1〜3年を目安に，シニアスタッフ（シニアアソシエイト）に昇格します。シニアスタッフは，マネージャーから簡単な仕事を任されるほか，スタッフの教育係としての役割を担います。マネージャーへの昇格は，かなりバラつきがあり，早い人だと3年，平均で5〜6年です。

　マネージャーは，責任者として案件をコントロールし，また，管理職として数人のスタッフを部下に持ちます。シニアマネージャーへの昇格基準は法人によって偏りがありますので，昇格時期の予測が難しいですが，早い人で3年程度で昇格する人もいるようです。シニアマネージャーは，マネージャーでは対応できない大型案件や特殊案件の責任者として案件をコントロールします。また，管理職として数人のマネージャーや10数人のスタッフを部下に持つことになり，加えて，法人によっては人事権が付与され，採用権限や給与決定権限等を有します。パートナーへの昇格は，既存パートナーの同意により決定するなど，昇格方法と時期が法人ごとに異なります。

　パートナーは，法人のさらなる発展のため，経営計画を立案・実行したり，経営判断をしたりするなど，経営者としての役割を担います。

▶ 海外の税理士制度

　日本では，弁護士，会計士，税理士それぞれ独立して法が整備されており，独占業務の範囲を明確にしています。諸外国の中で日本の税理士法と類似する制度を設けている国としては，ドイツ・韓国・中国などが代表的です。

　しかし，その他の多くの国では，税理士という資格・職業が存在しておらず，日本でいう税理士業務を弁護士や会計士などが対応しています。

CHAPTER ▶ 1-4
コンサルティング業界マップ

▶ コンサルティングファームの対応領域

コンサルティング業界の分け方はさまざまあります。近年，クライアントが抱える多種多様な課題に応えるため，各コンサルティングファームでは対応領域を拡大しており，その境界線はあいまいになりつつあります。

【図表1-12】 コンサルティング業界の分類

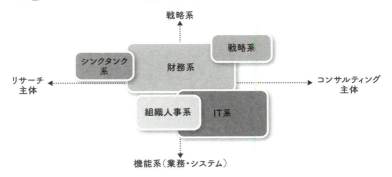

●戦略系コンサルティングファーム

コンサルタントと聞いてみなさんがイメージされる企業はこの戦略系コンサルティングファームが多いと思います。欧米に本社を置く外資系企業が多く，クライアントもグローバルで展開している企業が多いことから，この戦略系コンサルティングファーム自身もグローバルに事業展開をしています。業務範囲も幅広く，トップマネジメントレベルで抱えるあらゆる経営課題の解決を行っています。

企業例　マッキンゼー・アンド・カンパニー，ボストンコンサルティンググループ，ベイン・アンド・カンパニー，A.T.カーニー，ローランド・ベルガー，アーサー・D・リトル

●財務系コンサルティングファーム

　企業の財務やM&Aの課題解決を中心に幅広く対応しているのが財務系コンサルティングファームです。もともと会計事務所から始まったファームが多く，財務・税務のアドバイザリー，M&A支援，企業再生などを得意とし，具体的な業務には，バリュエーション，財務デューデリジェンス，フォレンジックなどに加え，B/S（Balance sheet／貸借対照表）の改善も行います。昨今，M&Aは国内海外問わず活発化しており，クロスボーダー案件も増えていることから海外対応が必須になっています。

企業例　デロイト トーマツ コンサルティング，ＰｗＣコンサルティング，ＫＰＭＧコンサルティング，ＥＹアドバイザリー・アンド・コンサルティング，山田コンサルティンググループ，日本M&Aセンター

●IT系コンサルティングファーム

　IT分野の技術を応用し，システム的な側面からの業務改革や経営改善を得意としており，IT戦略の立案から，実行支援，システム開発プロジェクトの推進，ERP（Enterprise Resource Planning／企業資源計画）やCRM（Customer Relationship Management／顧客関係管理）などのパッケージの導入，近年では導入後の運用，アウトソーシングまで請け負うコンサルティングファームが多く見られます。

企業例　アクセンチュア，日本ＩＢＭ，アビームコンサルティング，フューチャーアーキテクト

●組織人事系コンサルティングファーム

　企業の人事まわりの課題を解決し，組織を活性化させることを目的としています。業務は大きく分けて2つあり，人事戦略の策定や制度設計，仕組みの導入などの「ハード面（人事制度系）」と，組織風土改革や人材開発・育成など社員1人ひとりの意識や行動に変革を促していく「ソフト面（チェンジマネジメント系）」があります。

企業例　マーサージャパン，ウイリス・タワーズワトソン，コーン・フェリー・ヘイグループ，リクルートマネジメントソリューションズ，リンクアンドモチベーション

●シンクタンク系コンサルティングファーム

日系大手金融機関が立ち上げたファームが多く，ほとんどのシンクタンク系コンサルティングファームは，経済調査，官公庁向けのリサーチ，経営・ITコンサルティングの部門を持っており，クライアントとなる民間企業や官公庁に対して幅広い業務領域をカバーしています。

企業例 三菱UFJリサーチ＆コンサルティング，野村総合研究所，三菱総合研究所，日本総合研究所

●その他コンサルティングファーム

上記以外にも，業務・業界特化型の専門コンサルティングファームが登場しています。たとえば，医療機関を対象にさまざまな観点から病院経営の基盤の強化を行う「医療コンサルティング」，官公庁や民間企業の環境測定分析業や環境の観点からコスト削減や生産性向上を支援する「環境コンサルティング」，建設業における測量，地質調査，土木・建築・保障関係のコンサルティング業務を請け負う「建設コンサルティング」もあります。その他にも「農業コンサルティング」，「不動産コンサルティング」，「フランチャイズチェーンコンサルティング」，「補償コンサルティング」など，専門性の高い知識・経験を活かしたコンサルティングサービスを提供するファームが多数存在します。

▶ コンサルティング業界の市場動向

国内のコンサルティング業界の推定市場規模に，IDC JAPANによると，2016年3,625億円（前年比107％），世界の市場規模は10兆円から20兆円とも言われており，今後も国内外ともに堅調に市場は拡大していくと予測されています。

国内市場が拡大している要因として，デジタルマーケティングやIT技術の活用支援，国内外のM&Aの活発化や経営統合後の組織再編，海外への事業展開，「働き方改革」推進による人事制度の見直しなど，コンサルティングの需要はますます高まり，今後もさらに伸長するとみられています。

「コンサルティング業界マップ」でもお話ししたとおり，これまでコンサルティ

ング業界は企業数も多く非常に細分化された業界でしたが，クライアントニーズの多様化に伴い各社とも業務範囲を拡大しています。そのため，コンサルティングファーム間の明確な境界線がなくなりつつあり，競争が激しくなっています。

▶ コンサルティング業界の平均年収

　コンサルティング業界の平均年収は一般的には高いと言われており，特に外資の戦略系コンサルティングファームは非管理職でも1,500万円と高水準です。ただし給与体系は日本における一般企業のように年齢で一律に上がるのではなく，「実力主義」で役職に連動するため，大変チャレンジングな業界であると言えます。

【 図表1-13 】 コンサルティングファーム （外資）

戦略系

役職クラス	年齢	ベース年収
非管理職	20代〜30代前半	500〜1,500万円
管理職	30代〜40代前半	1,500〜2,500万円
役員クラス	30代後半〜	2,500万円以上

財務系

役職クラス	年齢	ベース年収
非管理職	20代〜30代前半	500〜1,000万円
管理職	30代〜40代前半	1,000〜2,000万円
役員クラス	40代〜	2,000万円以上

※転職サイトなどを参考に作成

▶ ポストコンサルタントのキャリア

　ポストコンサルタント（コンサルティングファーム出身者）の次のキャリア先は，コンサルタント自身の業務・能力の多様化に伴い，さまざまな業界・業種で活躍するチャンスが増えています。たとえば，大企業の役員としてヘッドハンティングされる方，プライベート・エクイティ・ファンドで投資家の

道に進む方，ファンドの投資先の経営者として企業再生に辣腕を振るう方など，さまざまな立場で活躍している方が増えています。

その背景には，国内のコンサルティング業界のプレゼンスの上昇があると思います。コンサルティングファームを活用する企業も増えており，コンサルタントと一緒に仕事をすることでコンサルタントの実力を実感する機会が増えています。

どの業界に属する企業においてもその企業を取り巻く環境は刻々と変化していることから，将来の環境変化を冷静に見極め，自社の根本課題を明らかにし，戦略の見直しや迅速な経営判断が求められていることは言うまでもありません。そのため，客観的な視点と論理的思考で課題を整理・抽出し，多くの人を巻き込み，一連のプロジェクトを推進していく，そんな経験豊富なコンサルタントを即戦力として期待し雇いたい，というニーズが広まるのも頷けます。

COLUMN ❶ 公認会計士試験ってどんな制度？

公認会計士は国家資格であるため，法律で定められた試験に合格する必要があります。

公認会計士試験の受験資格

受験資格に制限はなく，誰でも受けることができます。年齢や学歴もまったく関係ありません。2017年公認会計士の合格者データによると最低年齢19歳，最高年齢62歳の方が実際に合格されています。

公認会計士試験の受験の流れ

公認会計士試験の短答式試験は年2回受験することができます。例年の試験実施スケジュールは【図表1-14】のとおりです。

もし，12月に実施される第Ⅰ回短答式試験に不合格でも，翌年5月の第Ⅱ回短答式試験に合格すれば，その年の論文式試験を受験することができます。

なお，短答式試験に合格した場合や論文式試験において科目合格した場合は，合格発表日から起算して2年間はその試験が免除されます。

したがって，論文式試験では一度にすべての科目に合格しなくとも，試験を受けた年を含めて3年間のうちに，分散して合格していくといった戦略も可能です。ただ

【図表1-14】 公認会計士試験の実施スケジュール

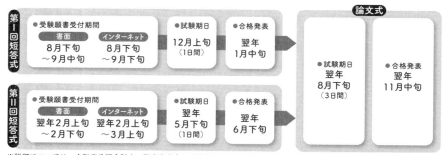

※詳細については，金融庁公認会計士・監査審査会にて公表されている情報をご確認ください。

し，税理士試験と異なり，３年を超過すると再度受験しなければならないので注意が必要です。

なお，一部の方には免除制度が設けられており，受験しやすくなっています。免除制度については，公認会計士・監査審査会ホームページで公表されていますので，そちらをご確認ください。

公認会計士試験の試験科目

では，どのような受験科目を勉強すればよいか見てみましょう。公認会計士試験の受験案内による

と，【図表1-15】のとおりです。

短答式試験は「マークシート形式」で行われ，出題範囲が広く，豊富な知識が要求されます。試験時間も短いため，問題を解くスピード（瞬発力）と判断力が必要です。一方，論文式試験は「記述式」で行われ，試験時間も長く出題範囲は必須科目に「租税法」と「選択科目」が追加されています。短答式試験と共通する科目については，短答式試験ほど出題範囲は広くありませんが，その分深い知識と理解力，判断力，論述力が試されます。

【図表1-15】 公認会計士試験の試験科目

短答式試験

必須科目	財務会計論	管理会計論	監査論	企業法
試験時間	120分	60分	60分	60分
配点	200点	100点	100点	100点
問題数	40問以内	20問以内	20問以内	20問以内

論文式試験

必須科目	会計学（財務会計論・管理会計論）		監査論	企業法	租税法
試験時間	300分		120分	120分	120分
配点	300点		100点	100点	100点
問題数	大問5問		大問2問	大問2問	大問2問

選択科目*	経営学	経済学	民法	統計学
試験時間	120分			
配点	100点			
問題数	大問2問			

＊1科目を選択

合格のボーダーラインは，短答式試験が総点数の70%，論文式試験は得点比率52%が基準とされており，いずれも公認会計士・監査審査会が相当と認めた得点比率となっています。

なお，いずれの試験も40%に満たない科目が1科目でもあると不合格になるので，不得意科目を作らないよう取り組むことがポイントです。

公認会計士試験の合格者数

公認会計士試験は国家資格の中でも難関であるとよくいわれます。では，どのぐらい合格しているか実際に見てみましょう。2017年度公認会計士試験結果によれば，願書提出者数11,032人のう

ち，最終合格者数は1,231人です。つまり，合格率は11.2%なので，10人のうち1人以上は受かるという計算になります。

論文式試験受験者数は3,306人なので，短答式試験を合格して論文式試験まで進めれば，最終的に3人に1人は合格するということになります。

どのくらいの受験期間で合格できるかですが，早い人であれば勉強を開始してから2年ほどで合格する方もいますし，働きながら勉強を続け10年近くかかる方もおられるようです。

合格者数は2007年の4,041人をピークに2015年まで減少傾向にありましたが，それ以降の合格者は増加傾向にあり，受験者にとっ

【図表1-16】 主な資格試験の比較（2017年度）

資格試験	申込者数	合格者数	合格率	勉強時間*
司法試験	6,716人	1,543人	23.0%	8,000～10,000時間
公認会計士試験	11,032人	1,231人	11.2%	3,000時間以上
国家公務員採用総合職試験（大卒程度）	18,121人	1,254人	6.9%	900～1,200時間

出典：申込者数，合格者数および合格率は資格試験実施主体の公表資料より作成
＊ 独自の調査によるもの

CHAPTER 1 会計業界ってどんなところ？会計士と税理士とコンサルタント

COLUMN ①

ては明るい兆しが見えてきました。

公認会計士の登録まで

公認会計士試験に合格した場合，多くの方が監査法人へ就職することになります。これは，公認会計士になるための最後の試験である「修了考査」を受けるための要件として，上場会社などにおいて監査の実務経験（通算して2年以上）が必要だからです。

もちろん，監査法人以外に就職するという選択肢もあり，このような方たちを『組織内会計士』と呼んでいます。この場合，就職した会社での経験（このことを「実務従事」といいます）が修了考査を受験できる要件を満たせるかという点に注意が必要です。

具体的な業務内容は公認会計士法施行令に書かれていますが，基本的には一定規模以上の企業における実務従事（通算して2年以上）が必要となります。すなわち，監査法人に就職していなくても，同じくらいの実務レベルが修了考査の受験資格として要求されています。

もし，みなさんが公認会計士試験合格後に監査法人以外を就職先として考えている場合には，就職活動の時点から企業の規模や実務要件を満たせる部署に配属してもらえるかといった点に十分注意して，選択していくことに心がけましょう。

【図表1-17】 公認会計士試験合格者数の推移

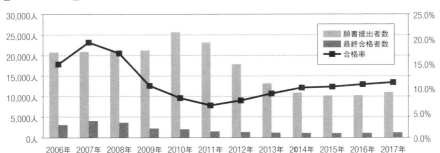

出典：金融庁公認会計士・監査審査会公表資料より作成

COLUMN ❷ 税理士試験ってどんな制度？

税理士資格を取得できるのは，税理士試験に合格した人，弁護士の資格を有する人，公認会計士の資格を有する人です。ここでは，「税理士試験」についてお話しします。

税理士試験の受験資格

税理士試験には，受験資格があります。

主な受験資格は，大学等で法律学または経済学に属する科目を1科目以上履修した者，日本商工会議所主催簿記検定試験1級合格者などで，税理士法第5条に定められています。

その他，詳しい受験資格は国税庁ホームページでご確認ください。

税理士試験の試験科目

税理士試験については，税理士法第6条で次のように定められています。

「税理士試験は，税理士となるのに必要な学識及びその応用能力を有するかどうかを判定することを目的とし，次に定める科目について行う。」

「次に定める科目」とは，会計学2科目，税法関係科目9科目の全11科目です。全11科目のうち，5科目を合格することで税理士資格が与えられます。ただし，受験する科目には合格必須科目や選択が制限される科目があるので注意が必要です。

まずは，会計学の「簿記論」・「財務諸表論」ですが，これらは2科

【 図表1-18 】 税理士試験の試験科目

会計学	
簿記論	財務諸表論

税法科目			
国税	所得税法	法人税法	相続税法
	消費税法	酒税法	
地方税	住民税	事業税	
その他	国税徴収法	固定資産税	

目とも合格しなければいけません。

次に，国税の「所得税法」と「法人税法」ですが，これらのうちいずれか1科目には合格しなければいけません。

また，「消費税法」および「酒税法」はいずれか1科目の合格に限られているので，2科目を合格科目として数えることはできません。「住民税」および「事業税」も同様に，いずれか1科目の合格に限られています。

以上のことから，会計学2科目，所得税法または法人税法のいずれか1科目は必ず合格することが必要であるため，受験者は残り2科目を税法科目から選択することになります。

なお，税理士試験科目の取得については，大学院進学による試験科目免除等（税理士法第7条）・公認会計士試験合格者などの試験科目免除等（税理士法第8条）の制度があります。

受験のながれ

税理士試験は，年に1度，例年8月上旬に実施されます。全11科目の試験を3日間で行い，いずれの科目も試験時間は2時間です。参考までに，例年の税理士試験の実施スケジュールは【図表1-19】のとおりです。

【図表1-19】
税理士試験の実施スケジュール

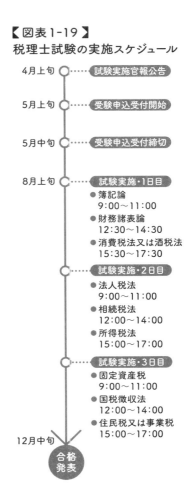

COLUMN ❷

合格者数

税理士科目の合格者は，科目ごとにバラつきはありますが，【図表1-20】のとおり，2013年度以降は全体の合格率が15％前後です。

とくに，会計学の2科目については，安定して合格率が高く，財務諸表論は15％を常に超えています。また，年によっては20％を超える合格者が出ることもあります。税法科目は，10～15％でほぼ安定しています。

税理士の登録まで

税理士試験を合格した人は，すぐに税理士登録ができるわけではなく，実務期間が2年以上必要です。この実務期間は試験後だけでなく，受験前や受験中の実務経験も，要件を満たせば認められます。税理士が働きながら目指せる資格であることはこの点も関係しているといえます。

【 図表1-20 】 税理士試験の合格率推移

(%)

区分 科目	2013年度 合格率	2014年度 合格率	2015年度 合格率	2016年度 合格率	2017年度 合格率
簿記論	12.2	13.2	18.8	12.6	14.2
財務諸表論	22.4	18.4	15.6	15.3	29.6
所得税法	14.8	13.2	13.2	13.4	13.0
法人税法	12.4	12.4	11.1	11.6	12.1
相続税法	11.7	12.9	13.4	12.5	12.1
消費税法	11.8	10.3	13.1	13.0	13.3
酒税法	11.8	13.0	11.9	12.6	12.2
国税徴収法	12.9	13.2	14.2	11.5	11.6
住民税	12.2	8.7	9.6	11.7	14.3
事業税	12.0	13.5	13.6	12.9	11.9
固定資産税	13.7	14.8	14.8	14.6	13.3
合計	14.8	13.8	15.2	13.0	17.0

参考：国税庁統計データを基に作成

CHAPTER 2

税理士・会計士・
コンサルタントの仕事

●本章のテーマ

（吉野）前の章で，ざっくりと会計業界のイメージがつかめたかな。

（本多）私たちの仕事柄，"電卓がいつもカバンに入っているんでしょ"ってよく言われるよね。

（吉澤）いまだとスマホで代用できるけど，やっぱり電卓の方が使いやすいからね（笑）。いつも電卓叩いて仕事してるイメージが強いよね。

（石倉）私たちの仕事をきちんと知ってもらうために，この章では税理士・会計士・コンサルタントがどんな仕事をしているかお話しましょう。

私たちがお話します！

優成監査法人　パートナー・公認会計士
石倉毅典
大学院修了後，キャリアとして農林水産省に入省。14年間勤務の後，退職。公認会計士を目指す。40歳で優成監査法人に入所し，現在，公会計部パートナーとして活躍中。

税理士法人山田&パートナーズ　マネージャー・税理士
吉澤大輔
新卒で当法人に入社。大手機関の事業承継部門の専属税理士として出向。現在は，相続・事業承継・M＆A・資本政策・金融と幅広い業務に従事している。

税理士法人山田&パートナーズ　税理士
本多慶子
アミューズメント会社に勤務後，一念発起し税理士を目指す。入社後は医療事業部に所属し，医療介護案件に従事。現在は資産税業務にも携わる。

山田コンサルティンググループ㈱　部長
吉野弘晃
新卒で入社後，製造業を中心に事業再生，成長戦略，マーケティング，オペレーション改善等のコンサルティングに従事。顧客とともに実行するハンズオン型のプロジェクト多数。

CHAPTER 2 税理士・会計士・コンサルタントの仕事

CHAPTER ▶ 2-1

税理士の仕事

▶ 税理士にしかできない仕事と専門性を活かした仕事

　税理士の業務は，税理士法で①税務代理・税務書類の作成・税務相談，②記帳代行・財務書類の作成等と定められています。つまり，税務調査対応，記帳代行，決算書作成，税務申告書作成などが税理士業務であると法律で規定されています。

　今日では，これら以外に，コンサルティング業務を行う税理士もいます。次に税理士業務をもう少し詳しく説明します。

● 税務調査って何？

　税務調査とは，適正な申告の実現を図るために，納税者に対して適格な調査・指導を目的に国税主導により実施される調査です。

　具体的な手続としては，過去に提出した税務申告書の内容をまずは税務調査官が税務署内で確認し，その後，調査対象事項が検出された場合に，税務調査官，納税者，税務代理を受けた税理士の三者で面談の機会を設けて，その場で質疑応答をします。

　税務調査の結果，税務申告書に誤りが発見された場合には，誤りを修正した税務申告書（修正申告書）を提出します。修正により追加の納税額が生じた場合には，延滞税等のペナルティを加算した合計額を納税します。

　税務調査において税理士は，税務調査官からの会計処理および税務処理に関する質疑を納税者の税務代理人として回答します。

● 記帳代行・決算書作成・税務申告書作成って何？

　お客様の日々の取引を記帳，集計し，税額を計算する業務が，記帳代行・決算書作成・税務申告書作成です。

　記帳代行は一事業年度内における日々の取引を，現金出納帳や通帳などを

61

確認し，請求書や領収書などと突合しながら仕訳し記帳する業務です。

　決算書作成は，記帳代行の結果として集計された各勘定科目の残高を貸借対照表・損益計算書等に集計するなど，企業の財務情報を企業が求める財務資料に集計する業務です。

　税務申告書作成は，会計処理と税務処理の差異を会計上の利益に加減算させて法人税計算上の課税所得を計算し，この課税所得を基に算出した法人税額から法人税法特有の税額調整項目等を加減算して法人税額を計算する業務です。

●コンサルティング業務って何？

　税理士が行うコンサルティング業務は，主にお客様の現状と理想のギャップを埋めるためのお手伝いです。

　進め方としては，まずはお客様の現状を把握するために，財産の状況を質問したり，決算書や税務申告書などの書類で確認をしたりします。次にお客様が現在抱えている悩みを聞いて，「こうあったら嬉しい」という理想を考え，現状と理想のギャップを抽出します。ギャップを埋めるための解決策を提示して，お客様の了承が得られれば解決策の実行を支援します。

　より具体的に，生前贈与を活用した相続コンサルティングを例に挙げて説明します。

　非常に多くの財産をお持ちのお客様が，「将来自分に相続が発生した時に，相続人である配偶者や子の相続税の負担が重くなるのではないか」と心配をしていました。なぜ心配をされているのかというと，相続税は財産額が大きくなればなるほど，それに比例して高額になるからです。

　そこで，「もし今，相続が発生したらどのくらいの相続税が生じるのか」を試算してみました。すると，お客様が心配されていたとおり，相続税が非常に高額であることがわかりました。

　ここでのポイントは，お客様の理想は「できる限り相続人の相続税の負担を減らしたい」ということです。相続税は相続発生時の財産額を基に計算します。したがって，生前に財産を相続人へあげる（贈与する）ことでお客様の財産は減り，それに比例して相続税も減ります。

　そこで，お客様に「生前贈与を予定している財産があるかどうか」を確認

CHAPTER 2 税理士・会計士・コンサルタントの仕事

【図表2-1】 税理士の主な仕事

税務調査	申告書作成など	コンサルティング業務
納税者の代理人として,税務調査官からの質問に答える仕事	お客様の日々の取引を記帳・集計し,税額を計算する仕事	お客様の現状と理想のギャップを埋めるお手伝いをする仕事

したところ,「ある」という回答を得ました。早速,相続人になる予定者へ贈与しようとなったわけですが,ここで注意が必要なのが,生前に財産を贈与すると,相続税の補完税の機能を有する"贈与税"が発生するということです。

贈与税は,贈与する財産額が大きくなればなるほど,それに比例して高額になります。場合によっては,贈与税は相続税よりも高額になる可能性があります。そのため,贈与予定の財産に対する贈与税額を算出し,一方で贈与せずにお客様が相続まで所有し続けた場合の相続税を算出し,どちらが有利となるかを比較します。その結果,贈与の方が有利となったため,従来から予定していた生前贈与の実行を支援(贈与税の申告書作成など)することになりました。

▶ お客様と税理士との関係

● 親しい関係が築ける!

税理士は,お客様に対して納税に関するアドバイスをしたり,税務署との対応ではお客様の税務代理人になったりするなど,他の外部専門家と比べてお客様と接する機会が多いことが特徴です。また,税理士とお客様とは利益相反の関係になることはありません。そのため,お客様と一緒に食事したりゴルフしたりする機会もあり,親しい間柄になることは少なくありません。

数ある専門家の中で,税理士とだけ顧問契約を結んでいるクライアントは,税金以外の悩みについても税理士に相談することが多く,税理士を身近な存在に感じる傾向があります。

ここで,お客様と税理士の関係性がわかるように例でお話しします。

将来の相続に備えて,配偶者,長男,長女に対して自分の財産をどのよう

63

【図表2-2】　相談者の家族構成

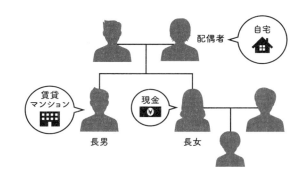

に分割をすべきか，悩みを抱えているお客様がいらっしゃいます。財産の内容を聞くと，現金，自宅，賃貸マンションであることがわかりました。

　まずは，お客様が考えられている遺産分割案を聞くと，配偶者には自宅を，長男には賃貸マンションを，嫁いだ長女には現金を，と考えているようです【図表2-2】。一見，遺産分割案には問題がないと思えます。

　しかしながら，実は税金の観点からは，長男は賃貸マンションの財産評価額に対する相続税を自分で工面しなければならず，仮に長男が現金を所有していない場合には，相続した賃貸マンションを売却して相続税を工面しなければならないといった問題が出てきます。

　税金以外の観点からは，配偶者は自宅を相続したものの生活費を賄う現金がないという問題があるかもしれません。そこで，長男と配偶者の収入や預金残高等を確認し，遺産分割後の納税や生活費に支障がないかを確認します。このように，お客様の考えていることが，「税金の観点で問題がないか」，「税金以外の観点で問題がないか」を税理士は幅広い視野でアドバイスします。

　もう少し踏み込んでお話ししてみると，お客様は長女の夫をよく思っておらず，長女に現金を渡すと次に長女に相続が発生した場合（長女が先に亡くなった場合）に長女の夫が間接的に自分（お客様）の現金を相続することを嫌がっていたという事実がわかりました。

　相続の悩みは，時にお客様の家族のご事情まで話が広がることが多くあります。そのような時でも税理士はお客様にとって的確なアドバイスをする必

要があります。参考までに，この例であれば，遺言書で長女の子（お客様の孫）へ遺贈させることを検討する余地がありそうです。

● 税理士業務を超えた相談相手になる！

相続のお悩みの他にも，事業承継などの会社経営に関する悩みを相談されることがあります。高齢を迎えた経営者の場合は，会社の発展・継続を第一に事業承継を考え，後継者を選定します。

経営者は孤独であるとよくいわれています。特に事業承継は会社の将来に大きな影響を及ぼすため，十二分に考え，決断をしなければいけません。経営者と顧問税理士との信頼関係が築かれている場合，税理士は会社の財務情報を把握しているほか，距離を置いて経営を観察していることから，経営者からアドバイスを求められることがあります。

このような時には，将来会社をどのように発展させていきたいのか，どのような後継者であれば発展させることができるのかなどを経営者からしっかりと聞いて，その上でアドバイスする必要があります。

税理士はお客様から税理士業務の範囲を超えて，さまざまな悩みを相談されます。このようにお客様との距離感が近いことも税理士の魅力です。

● 日々の勉強がお客様への信頼につながる！

税理士の資格は，税理士業務を行うために取得します。しかし，税理士の資格を取得したから十分な税理士業務が行えるかというと，そうではありません。そこで，税理士は受験用の知識から実務用の知識に転換させ，受験していない税法は新たに学ぶなどして，専門家として日々自己研鑽を積みます。

税は，約50種類存在します（印紙税など，税理士の業務範囲外の税を含みます）。その中でも所得税，法人税，相続税等の主要な税法は，本法，施行令，施行規則，租税特別措置法，租税特別措置法施行令，租税特別措置法施行規則で構成されています。これだけでもかなりのボリュームです。

さらに，税法は毎年のように改正されます。その都度，税理士は改正された規定を学び直し，新たに創設された規定を学びます。仮に，税制改正を学ばない税理士がいたとすると，どうなるでしょうか。新設された法律に従って税務処理すれば本来減らせたはずの税金が，改正を知らないせいで全く減

額できない，ということも起こり得ます。こうなってしまうと，お客様に損害を与え，信頼に応えられず，税理士の使命を果たすことができなくなります（税理士法第1条：税理士の使命参照）。

　また，法律には"解釈"が存在します。税法の場合，その解釈が難しい時は，基本通達，国税庁の質疑応答事例・照会事例，裁決例，判決例などの情報を参考にして税務処理を行います。

　以上のことから，すでに存在する税法を学びながら，税制改正など最新の情報をキャッチアップすることが，お客様の期待に応え，税理士の使命を全うすることにつながります。

●税法以外の法律もフォローする！

　税理士は税法のみを勉強すればよい，というわけではありません。税理士業務を行う上で，密接に関連する法律がいくつか存在します。

　たとえば，相続税を計算する場合，法定相続人の範囲と法定相続分を判定する必要がありますが，これらは"民法"をもとに判定することになります。法人の経営や自社株式の発行・売買・承継などの相談を受けた場合には，"会社法"に規定されている要件や手続を理解しておく必要があります。税理士は個人や法人にとって身近な存在であるため「まずは顧問税理士に相談しよう」と考えるお客様は少なくありません。税理士だから税法以外は知りませんという税理士よりも，お客様の悩みにあらゆる側面から相談に乗れるハイブリットな税理士の方が頼られ選ばれる可能性は高くなるでしょう。

▶ 一生働ける仕事

●定年がない！

　ところで，「士業」という言葉を聞いたことがありますか？　「サムライ業」とも呼ばれ国家資格を必要とする「○○士」という名称の職業を示しています。弁護士・公認会計士・司法書士・社会保険労務士などがあり，税理士も「士業」です。これらの職業は資格を持っていないとできない仕事，つまり"独占業務"であり，裏を返せば資格を持ってさえいれば年齢に関係なく，資格を活かした仕事をすることができるということなのです。

66

CHAPTER 2　税理士・会計士・コンサルタントの仕事

　ちなみに，税理士の独占業務は，税理士法第2条に規定されており，①税務代理，②税務書類の作成，③税務相談です。これらの業務は，税理士のみが行うことを許されたものであるため，税理士以外の人が行った場合は税理士法違反になり罰則規定が適用されます。

　このように，独占業務を行えるという特殊性から，士業で働く人は独立開業する割合が高いのが特徴です。

　会社員の場合，定年制度があるため，どんなに仕事ができる社員であったとしても，基本的に会社員は一定の年齢に達すれば会社を去らなければなりません。日本の多くの会社は60歳定年制を採用しています。年金支給年齢が65歳になったこともあり再雇用を希望する方も大勢いるようですが，再雇用されたとしても概ね65歳が上限です。しかも，再雇用になると賃金設定も変わる会社が多いため定年前と同じ仕事をしているにも関わらず収入が大幅に下がってしまう傾向があります。

　その点，税理士は自ら開業した場合，定年制度がないので，やる気があって身体が健康なら，一生現役で税理士として働くことができるのです。現に，税理士実態調査（2014年）の結果によると，60歳以上の税理士の全体に占める割合が53.5％，50歳以上でみると，なんと71.3％を占めており，非常に高齢化が進んでいる業界という印象を強く持ちます。実際，税理士会の研修などに参加すると，参加者の年齢層が高めなのも頷けるわけです。

　税理士試験に合格して税理士の資格を得るには大変な労力を費やしますが，定年に関係なくやる気さえあれば年齢を重ねても第一線で活躍できるというのは，税理士という職業の魅力の1つではないでしょうか。

● 復職しやすい！

　ひと昔前までは，女性は結婚したら会社を辞め家庭に入るという，いわゆる「寿退社」が，多くの女性が辿るコースでした。時代は変わり，現在は結婚しても仕事はそのまま続ける女性が大多数になりましたが，女性には，出産や育児といったライフステージがあります。仕事を続けたい意思があっても，環境が整わないなどの理由で仕方なくそのタイミングで仕事を辞めざるを得ない人もいます。その他にも，家族の介護をしなければならない状況になったり，自分自身が病気で療養しなければならなくなったり，仕事を辞め

67

ざるを得ない状況に陥ることは，女性に限らず男性にも十分あり得ることです。

　いったん仕事を辞めて再び社会に復帰しようとしたとき，残念ながらその道は決して容易ではないのが現状だと思います。自分の希望する仕事に就けなかったり，運よく希望どおり就職できたとしても，また1からキャリアをスタートさせなければならなかったりするのです。

　その点，手に職があるということは，復職するときに強い武器になります。資格も実務経験もある人材は即戦力になるからです。

　たとえば，一般企業に勤めていて結婚や出産を機に退職し，家事育児をしながらコツコツ勉強し税理士の資格を取得。その後，育児が一段落したタイミングで会計事務所に就職する方もいます。30代40代で会計事務所に入所し，そこからキャリアを積み上げ活躍することも十分可能なのです。

　その他，キャリア志向でなくても，一国一城の主として開業し，自分のライフスタイルに合わせて自分のペースで仕事をするスタイルもあります。税理士業界は，前に紹介したように，平均年齢が高いのが特徴ですし，実力主義の世界ですから，それぞれの人生のタイミングで羽ばたくことができるのです。

● 年齢を重ねることがプラスに！

　一般的に，年を重ねることに対しては，ネガティブなイメージを持ってしまいがちです。確かに，40代は20代の頃に比べ，体力は衰えていますし無理がきかなくなっているのも事実です。しかし，税理士という職業は，年齢を重ねることイコール経験値が増すことであり，そのままお客様からの信頼に繋がるのです。

　税理士として活躍するためには，知識・経験・人間力が必要であり，どの要素も不可欠です。クライアントが置かれている状況，抱えている問題は千差万別であり，それらに対応するにはこの3要素をフル活用させなければならないのです。

　ですから，これまでの人生における成功体験だけでなく，失敗経験ですらも仕事をするうえで活きてくるのです。年齢を重ね，人生経験を積むことが，税理士としての器を大きくするというのも，この仕事の魅力の1つだと思います。

CHAPTER ▶ 2-2

公認会計士の仕事

▶「市場の番人」と呼ばれる理由

監査とは「①監督し検査すること。②会社の特定の行為，またはその行為を示す情報が適正か否か，独立の第三者が一定の基準に基づいて検証し，報告すること」と『広辞苑（第七版）』に説明されています。

監査にはいろいろな種類がありますが，公認会計士が行うのは会社が作成した財務諸表に対する「会計監査」です。

では，なぜ財務諸表に「監査」が必要となるのでしょうか？

企業は，商品を売ったり，設備投資をしたり，さまざまな経済活動を行っています。その活動の成果を1年間で区切って，損益計算書（P/L）や貸借対照表（B/S）などに金額で表し，株主や銀行，取引先などに報告するのが「財務諸表」といわれる書類です。上場会社の財務諸表であれば，インターネットなどで簡単に閲覧することができ，その会社の1年間の業績や財政状態が一目でわかるようになっています。

株主や銀行，取引先などは会社の財務諸表を見て，業績の良し悪しや会社の成長性，支払いを行ってもらえるだけの体力がある会社かどうかを判断しています。しかし，その財務諸表の内容が本当に正しいものであるかを知る術がありません。財務諸表が正しくなかったとすれば，株主などは誤った判断を行い，その結果，損害を被ってしまいます。

また財務諸表を作成した会社自身も，その財務諸表が正しいと第三者に証明してもらうことで，信頼性を得たいと考えています。財務諸表が信頼してもらえなければ，株主は投資を控え，銀行はお金を貸さないでしょうし，取引先も取引してくれません。その結果，会社は成長できなくなってしまいますし，経済社会も停滞することになるでしょう。

そこで，株主などに代わって財務諸表をチェックし，適正か否かの意見を述べるのが，公認会計士なのです。公認会計士は厳しい国家試験をパスし，

高い専門知識を有しています。また，第三者的な立場で，会社の財務諸表を監査することができます。上場会社や非上場会社でも一定規模の会社は，経済社会に与える影響が大きいことから法律上，会計監査を受けることが義務づけられています。

会社の財務諸表が正しいものであることを公認会計士が監査意見として表明し，保証することで，株主や銀行，取引先などは安心してその財務諸表を参考にして投資や取引などの判断に利用することができるのです。

このように公認会計士が会社の財務諸表にお墨付きを与えることで，経済活動を促し，健全な株式市場が維持されることになるため，公認会計士は「市場の番人」と呼ばれています。

▶ 指導的機能の発揮

ここまで「監査」の意味とその重要性について見てきました。次は，監査において求められる役割や機能に着目してみましょう。

会社が財務諸表を作るためには，取引内容を理解し，会計のルール（これを「会計基準」といいます）や関係する法律などをしっかり理解しておかねばなりません。

会計基準や法律自体が改正されることもあり，情報をキャッチ・アップするだけでもとても大変な作業になります。時には改正の内容がかなり専門的なものに及ぶこともあります。

また，新しい取引や会社の設立・清算といった普段起こらないような事象についても会計上どのように反映していくか考えなければなりません。会社の経理担当者にとっては会計基準を十分に理解できなかったり，類似の取引がないとどのように会計に反映すればよいか，とても悩ましいということがあります。

そこで，公認会計士は専門性を活かして「指導的機能」を発揮します。「指導」というと何か上から目線で物事をいうイメージですが，会計基準など難しい専門用語で書かれている内容や注意点を簡単でわかりやすい言葉で説明し，理解を促すというものです。現在フリー・ジャーナリストとして活躍されている池上彰さんが最近の時事問題やキーワードを視聴者にわかりやすく解説してくれる番組がありますが，ちょうどそのようなイメージです。

では，公認会計士が提出する「監査報告書」を例にして，「指導的機能」とはどのようなものか見てみましょう。「監査報告書」は以下のように記載されています。

> **監査意見**
>
> 　当監査法人は，上記の連結財務諸表が，我が国において一般に公正妥当と認められる企業会計の基準に準拠して，株式会社×××及び連結子会社の平成29年3月31日現在の財政状態並びに同日をもって終了する連結会計年度の経営成績及びキャッシュ・フローの状況をすべての重要な点において適正に表示しているものと認める。

一般に公正妥当？　すべての重要な点において適正？　普通に読んでもなんだかよくわからない言葉が並んでいます。もし公認会計士が「指導的機能」を発揮したならば，次のような文章になるでしょう。

> **監査意見**
>
> 　私たちの監査法人は，株式会社×××とその子会社の連結財務諸表が正しく作成されて，正しく表現されているかチェック（監査）しました。チェックは，日本で一般的に用いられており，多くの人が問題ないと認めている会計ルールに従っているかという視点で行っています。
>
> 　平成29年3月31日時点の連結貸借対照表とその日までの連結損益計算書，キャッシュ・フロー計算書は，これらの書類を利用した人たちが判断を誤ることのないよう，判断にとって重要な点はすべて正しく表されていることを私たちの監査法人は保証します。

どうでしょう？　少しはわかりやすくなったでしょうか？

相手が疑問に思っている点をしっかりと理解したうえで，わかりやすく伝えることも公認会計士にとって重要な役割と言えます。そういう意味では，公認会計士とって理解力やコミュニケーション能力，また表現力といったことも重要なスキルといえるでしょう。

▶ 広がる監査の範囲

　これまで上場会社の監査を中心に見てきました。それでは「監査」は上場会社だけに限られるものなのでしょうか?

　実は，近年経済環境や社会的ニーズの変化から，多くの場面で監査が必要とされてきています。

　もっとも顕著な分野としては，IPO（新規上場）だといえます。ITバブルがあった2000年頃には1年間に204社もの会社が新規上場していました。しかし，2009年に起こったリーマン・ショックの影響で，その後新規上場会社の数が激減したことがありました。

　近年，アベノミクスによる異次元の金融緩和政策によって，日経平均株価も上昇し続けています。また，AI（人工知能）など新しい技術を使ったイノベーション企業もたくさん生まれてきています。その結果，多くの企業はIPOを志向するようになり，再び新規上場を目指す企業が増加してきています。

　「監査」を必要とする場面は,何も民間企業だけではありません。日本でもっとも大きな組織である官庁には，行政の一部を移管している独立行政法人があります。この独立行政法人は，国立研究開発法人などを含み，87法人あります（2017年4月1日現在）。

　これら独立行政法人は法律で公認会計士による監査を受けることが義務づけられています。監査を受けた財務諸表を公表することによって，税金がどのように使われているか正しく国民に伝え,国としての説明責任(Accountability)を果たすようにしているのです。

　また，財務省をはじめとする各省庁においても，省庁別の財務諸表を作って公表しています。こちらは，公認会計士の監査を義務づけていませんが,各省庁内におかれた会計監査機構によって監査を受けているほか，税金がムダに使われていないか会計検査院が厳しくチェックしています。

　最近の新しい動きとして，2016年の法律改正で医療法人や社会福祉法人に対して公認会計士による監査が義務化されました。また，農協改革の一環として，農業協同組合についても2019年度から公認会計士による監査が義務化されました。まだ農協の監査を行った経験のある公認会計士は多くありませんが，新たな活躍の場として期待されています。

CHAPTER 2 | 税理士・会計士・コンサルタントの仕事

▶ 求められる独立性

　公認会計士はさまざまな局面で判断を求められますが，判断を行う前提条件として一番大切とされているものが「独立性」です。独立性とは，監査を行う企業に対して，見た目（外観的）にも，心の中（精神的）も，第三者的な立ち位置であることをいいます。

　では，簡単な例でお話をしましょう。皆さんは，ある会社の株主だったとします。その会社は業績が悪くなってきており，株主から追及されることを恐れて，ついに利益が出るように不適切な会計処理をしてしまいました。公認会計士は，その不適切な会計処理を見つけ，正しく修正させるのが仕事です。

　でも，その公認会計士がその会社と癒着していたとしたらどうでしょう。不適切な会計処理が見つかった会社は，「見逃してくれ！　今回だけだから頼むよ!!」というかもしれません。もし公認会計士に独立性がなかったとしたら，その不適切な会計処理を許してしまうかもしれません。

　財務諸表が正しくないのに公認会計士が正しいというお墨付きを与えたとしたら，どうなるでしょうか？　株式市場の信頼を失い，株価は暴落し，株主である皆さんは，結果的に大きな損失を被ることでしょう。

　そのため，公認会計士は会社に対して利害関係を有することなく，常に第三者として独立していることが求められるのです。

　「独立性」には2つの視点があります。1つは，見た目（外観的）の独立性です。公認会計士が会社と何かしらの契約書や取引を行っていれば，他人から見て明らかにわかります。ですから，監査を行う公認会計士は会社の株式を保有していたり，取引を行っていたりしないか，常に利害関係の有無をチェックされています。

　もう1つは心の中（精神的）の独立性です。これは人の心の中のことなので，開けて見ることはできません。そのため，公認会計士は会社からココロの距離を取るように常に心がけています。

　そうすることで，会社に対して客観的な立場で判断ができ，株主や経済社会からの要請に応えられるよう努力しているのです。

73

▶ 果たして不正は見抜けるか？（公認会計士の苦悩）

　会計不正と聞いて皆さんはどのような印象を浮かべるでしょうか。「けしからん！」，「絶対許すべきではない！」という声が聞こえてきそうです。公認会計士はすべからく同じような思いで，仕事と向き合っています。

　不正が行われることで，多くの人たちが負の影響を受けてしまいます。東芝の不適切会計では多方面にわたり影響が出たことは記憶に新しいところです。不正を巡っては，過去にいろいろな事件があり，時には大手監査法人の1つであった中央青山監査法人でさえ，解散に追い込まれています。

　不正の例としては，従業員による着服や商品の盗難，経営者による利益のかさ上げなどがあります。一般的に，経営者が不正を行った場合，非常に大きな金額になることが知られています（【図表2-3】参照）。

　公認会計士は，これまでも不正を見逃さないように多くの知見や技術を身につけてきました。それでも不正は一向になくなる気配がありません。

　1つの原因として，会計基準の裏をかくような手法があったという事実で

【図表2-3】　アジア・太平洋諸国における不正の職位別発生頻度と損失中央値

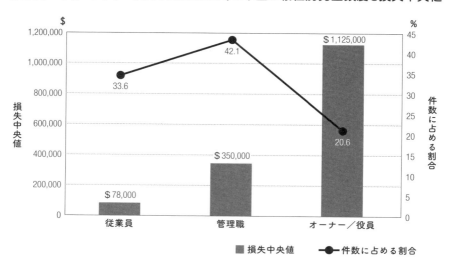

出典：一般社団法人 日本公認不正検査士協会ホームページより
　　　職業上の不正と濫用に関する国民への報告書 2016年グローバル版
　　　（Report the nations on occupational Fraud and Abuse）

す。【図表2-4】は国内における最近の不正の事例を時系列で整理しています。不正事例の反省から，公認会計士は会計基準の見直しや不正事例の研究，啓発活動を徹底してきました。

公認会計士は豊富な知識と長年の経験から，不正の兆候が見つかれば，徹底的に調査を行います。しかし，不正が行われた事例の中には，請求書など外部で発行された書類でさえ，精巧に偽造して公認会計士に提出するといった悪意のある事例もありました。

さすがに公認会計士であったとしても，偽造された書類が本物かニセモノかを判断するのは困難なことが多いというのが実態です。しかし，企業の業界動向や経済環境など，あらゆる面から考えて，企業の業績に異常な点が見つかった場合は，徹底して取り組まなければなりません。公認会計士には意思を貫く力が求められるといえます。

また，不正の兆候を見逃さないために，公認会計士は経済社会の動向や新技術などを把握し，その影響が会社にどのような変化とリスクをもたらすか，常にアンテナを張り巡らせているのです。

【図表2-4】 最近の不正会計と会計監査を巡る状況

不正事例		会計監査を巡る状況	
2005年 カネボウ事件	1990年代から経営者主導で粉飾を行っていたとされ，公認会計士も共謀。子会社の連結外しや在庫の循環取引により約3,500億円もの損失を計上。	2006年 中央青山監査法人の業務停止と解体	大手監査法人の1つであった監査法人が複数の粉飾事件を看過したことを理由に2ヵ月の業務停止処分とされた。その後，同監査法人が解体される結果となった。
2006年 ライブドア事件	偽計および風説の流布，有価証券報告書虚偽記載容疑で特捜部の強制捜査が行われた。報道を受けて日経平均株価は大幅下落。社長の堀江貴文氏に実刑判決。	2007年 『投資事業有限責任組合における会計処理及び監査上の取扱い』を公表	ライブドア事件を受けて，組合体についても実質的に支配していると認められる場合には，連結に取り込む会計処理とされた。
2011年 オリンパス事件	1980年代から財テクを行い，保有していた金融資産の含み損を，いわゆる「飛ばし」という手法を使って隠蔽。	2013年 監査基準の改訂および不正リスク対応基準の設定	近年の不正事例に対応するため，不正に対する監査手続を明確にし，より慎重に実施することを求める観点から基準を設定。
2015年 東芝事件	工事進行基準やbuy-sell（バイ・セル）取引等を通じて，利益の過大計上を行っていた。経営陣がチャレンジという言葉で圧力をかけていたとされる。	2016年 会長通牒	公認会計士監査の信頼回復に向けた監査業務への取り組みを徹底するよう指示。また日本公認会計士協会による監査法人への特別レビューを実施。

75

▶番外編——公認会計士の楽しみ!!

　少しカタい話が続いたので，ここでは番外編として，公認会計士の楽しみをお話ししましょう。

　日本は3月決算の上場会社が多い関係で4〜6月は1年のうち最も忙しく，人によってはゴールデンウィーク返上で働きます。第1四半期レビューが終わる8月頃に少し余裕ができ，そして，9〜10月頃から徐々に通常業務に戻り，また3月決算の監査に向けて忙しさが加速していくといった流れです。

　その反動というわけではありませんが，8月以降に長期休暇をとり，旅行に行ったり，自分の趣味に没頭する方が多いようです。まさに，「思いっきり働いて，思いっきり遊ぶ!」を体現しています。

　また，日々の忙しいなかでも，楽しみを見つけるのが得意な人もいます。たとえば，グルメな人は，1回のランチに最低でも1,000円以上かけ，クライアントの近くにあるおいしいお店を巡り，オリジナルのグルメマップを作っているほどです。

　仕事の場面では，著名な経営者と直接話す機会もあります。その会社のトップに，マーケットや環境の変化に対してどう考えているか，次の施策はどのようなものかを単刀直入に聞くことができます。そのような会話の中で，ポイントを押さえた鋭い質問ができる公認会計士には，経営者も一目置いてくれます。

　いろいろな会社に行って仕事ができるのも，魅力の1つといえるでしょう。はじめて担当する会社に行って，会社のビジネスモデルや強み・弱みを理解することは，とても好奇心を刺激されます。また，仕事で海外に出張することもあります。とくに，旅行好きの人にとっては，これほど趣味と実益をそなえた仕事はないのではないでしょうか。

CHAPTER 2 | 税理士・会計士・コンサルタントの仕事

CHAPTER ▶ 2-3
コンサルタントの仕事

▶ コンサルタントとは

　みなさんはコンサルタントの仕事を具体的にイメージすることはできますか？　コンサルタントは，クライアントが抱えるさまざまな経営課題を明らかにし，的確なアドバイスをして解決に導いていく「相談役」と言われることが多いですが，結局求められているのは，あらゆる面で会社を元気にすること，単刀直入にいえばクライアントがどうやって儲けるか，付加価値を上げるかということがコンサルタントの仕事になります。

　どのカテゴリーに属するコンサルティングファームも会計業界との繋がりは強く，クライアント自身が持続的に成長し続け，売上や利益，企業価値の向上にどれだけ効果があるかを測定するにも会計知識を十分に理解している必要があります。

▶ コンサルティング業務の特徴

● 課題解決屋

　コンサルタントはどのような仕事をするのでしょうか？　先述のとおり，一般的にはクライアントに対するコンサルティング業務を通して，クライアントのさまざまな経営課題の解決のお手伝いをするのがコンサルタントの仕事です。クライアントが抱える経営課題は多岐にわたり，営業，製造，物流といった機能面の課題，組織の仕組みやガバナンスといった管理面の課題，人事周りの課題などがあります。

　これらの課題を解決するために，クライアントの置かれている現状を把握し，定性的・定量的な分析を通して原因を特定し，解決策を検討・提案し，解決策の実行をサポートします。この一連の課題解決をサポートするのがコンサルタントの主な業務であるといえます。

77

●クライアントの経営課題はさまざま

　経営環境が目まぐるしく変わる中で，クライアントの経営課題もその時々によって変化します。クライアント自身が何から手を付けていけばよいのか理解していない状態で相談されることも多く，コンサルティングニーズが明確でないケースが増えています。

　たとえば，「海外展開をしていきたいが，どの国にどうやって進出してよいのかわからない」，「後継者が決まらず息子に事業を承継すべきか，社内の幹部メンバーに承継すべきか，他の企業と資本提携したほうがよいか悩んでいる」，「人材が思うように育たず困っている」，「少ない人数でオペレーションできる体制にするため業務を効率化したいがどこから手を付けてよいかわからない」などさまざまです。

　こんな時，コンサルタントは第三者として，クライアントを取り巻く外部環境の変化を予測し，クライアントの経営資源（ヒト，モノ，カネ）を踏まえ，議論していくことにより今後の方向性を一緒に導き出していきます。

●コンサルティングスタイルも変化

　コンサルティングスタイルも，問題に対する原因把握や解決策の提案だけにとどまらず，クライアントと共に実行する，常駐してクライアントとともに汗をかく，クライアント内でのプロジェクトをまとめていくなど，深く入り込んだコンサルティングスタイルも求められるようになっています。

　昨今，コンサルティングファーム各社はさまざまな方向性で自社が得意としない機能を持つコンサルティングファーム（例：リサーチ，ITなど）や他業種企業（例：広告，デジタル，デザインなどの領域の企業）を買収しています。将来的にはコンサルティングの形もより変化してくるものと推察されます。

●プロジェクト型でチームアップ

　コンサルティングファームは固定的な組織体系を持ちません。常にクライアントの想定される課題に合わせて最適なコンサルタントを召集（アサイン）し，プロジェクトチームを編成して課題解決にあたります。そのため所属部署がないわけではありませんが，実際に一緒に案件に関わるメンバーは所属部署とは異なる場合が多い傾向にあります。

CHAPTER 2 税理士・会計士・コンサルタントの仕事

▶ コンサルタントの役割

● 客観的な視点で，聖域なき改革を実行する

　1つの業界1つの会社に属し長い間仕事をしていると，その業界やその会社の風土や仕組み，価値観に慣れてしまい，客観的な視点でビジネスを見つめ直すことが難しくなる傾向にあります。また，会社を改革し，変革を遂げるにあたって，組織の内部から変えていくことは困難な場合もあります。

　コンサルタントが客観的事実に基づいて1から考え直し（ゼロベースで考える），外部から力をかけることで，聖域なき改革が実行できることになります。大手企業に勤めていたが自分自身が社内を改革するには役員にならなければ大企業を動かす力を発揮することはできず，その立場になるには時間がかかることから，コンサルティングファームへ転職しコンサルタントとして外部から企業の変革に携わることを選択した，という人もいます。

● プロフェッショナルスキルで効率的に課題を解決する

　クライアントを取り巻く環境が刻々と変化する中で，企業自身もそれに合わせて変化対応することが求められており，そのためスピーディーに意思決定し，実行していかなければいけません。

　たとえば，M&Aをする時，創業オーナーから息子へ事業を承継する時，経営危機に陥り事業の再建が必要な時，新たな分野に事業を多角化したい時，その道の専門家であるコンサルタントにお願いし，一定期間コンサルティングを利用することは有効な手段であると考えます。

● プロジェクトを通してクライアントの成長を促す

　プロジェクトは，目的達成のため，通常業務とは異なるメンバーで構成され，決まった期間で実行するのが一般的です。コンサルタントはクライアントに常駐し，プロジェクトを管理・推進していく重要な役割を果たすことができます。

　プロジェクトの推進には，社内の人間関係やしがらみにとらわれず，目的に向かって客観的な立場で物事を進めることができる第三者であるコンサルタントが機能します。さらに，コンサルタントと一緒に仕事をすることで，

79

クライアントの社員の成長を促すことができ，スキルや知識，ノウハウはもちろん，高いプロフェッショナルマインドを醸成することもできます。近年では，むしろこの機能に期待してコンサルティングを依頼する企業も増えています。

▶ コンサルタントに求められる能力

コンサルティングファームやクライアントによって求められる専門的な能力は異なりますが，コンサルタントとして必要な能力・資質を4つ紹介します。

● プロフェッショナルマインド

コンサルタントはクライアントの経営に関わる機密情報を得て仕事をします。そして，いかなる状況においてもクライアントの要求をただこなしていくのではなく，常に期待以上の付加価値を提供し続けるべく心掛けなければなりません。そのため，コンサルタントは常に高い倫理観や価値観を求められます。そして何よりも，心からクライアントの成功や発展を願い信じ，強い責任感を持って真摯にコンサルティングの仕事に向き合い続けるプロフェッショナルであり続けなければなりませんし，それに応えるための努力も怠ることはできません。

● ロジカルシンキング

その道のプロであるクライアントに納得頂くには，コンサルタントはどんな場面でも論理的に考え説明し，話せなければいけません。しかもいずれの課題においても単純に正解があるわけでもありません。第三者の視点を持ち，これまでの知識や経験に囚われずゼロベースで仮説を積み上げて本質的課題をあぶり出し，何が最適なのかを突き詰めて考え，解決策をクライアントにわかりやすく明示しなくてはなりません。専門的な知識も強みにはなりますが，基本的な論理的思考力（ゼロベース思考，仮説思考，ロジカルシンキング等）無くしてコンサルタントとは言えないでしょう。

CHAPTER 2 | 税理士・会計士・コンサルタントの仕事

● コミュニケーションスキル

　プロジェクトは常にチームプレイです。クライアントの経営層から社員，社外の関係者など，立場，これまでやってきた経験，持っている知識も違うメンバーが集まり，1つの目的やゴールに向かってプロジェクトを進めるため，コンサルタントにはプロジェクトメンバーと信頼関係が築けるような高いレベルのコミュニケーションスキルが求められます。それには，相手の想いや意見を理解する際に，自分と違う考えを素直に受け入れられる「謙虚さ」，"この人が言うならやってみるか！"と思い信じさせる「人間的な魅力」も必要とされます。

● メンタルスキル

　コンサルタントという仕事にキラキラした華やかなイメージを持つ方もいると思いますが，実際はそうではありません。地道で細かい作業の連続であり，クライアントからの厳しい要求に短時間で対応しなければいけないケースも多く，プロジェクトメンバー内の人間関係の調整役も兼ねなければならないこと，また時には長時間労働など，常に肉体的にも精神的にも過酷な仕事といえます。その中で自身のコンディションをキープし，付加価値を生み出し続けるための体力や精神力が必要です。

▶ これからコンサルタントに求められる人材像

● ゼネラリストでありスペシャリストである存在へ

　コンサルタントとして将来成功するための要素の1つに，その時代時代に合った価値を生み出すことができるかどうかがあります。これまでのように広い知識・技能・経験を蓄えているゼネラリストとしてだけでなく，会計業界に属する人材が保有している会計，財務，税務といった知識・スキルを持つスペシャリストとしてだけでなく，その両方を持つ人材が求められます。

　またそのスペシャリティを高め，増やしていく，複数の分野で深い知識と高い能力を蓄えていく必要があり，これは『WORK SHIFT』（リンダ・グラットン著）の中でも，「連続スペシャリスト」への変化が必要だといわれています。会計業界の人材は，会計・財務・税務といったスペシャリティを基盤と

しながら，将来ニーズの高まりそうな分野を選び，高度な専門知識と技能を磨いていくことが重要となります。

●リスクをとれる人材になる

　変化が激しく，グローバル化も進み，予測がつかない状況においてこそ，未知の世界に飛び込んでいく積極性や行動力が必要であり，いかにリスクをとって行動することができるかが求められると思います。未知の世界を面白いと感じ，先陣を切ってどんどん飛び込んでいくコンサルタントが増え，それを見てリスクをとることが楽しく積極的に行動する人がますます増えることは，コンサルタント自身も，クライアント自身も成長させ，日本企業の成長・発展に繋がると考えます。

●人間観，歴史観，世界観を追求する

　グローバル化，テクノロジーの進化がますます加速する中でも，それを動かすのは人間です。組織をどうするか，社会をどうするか，日本をどうするか，世界をどうするかを追求するにあたっても，それぞれを構成している最小単位である人間に働きかける以外の手段はないと思います。グローバル化する中では特に，さまざまな価値観を持つ人が集い仕事を進めていく中で，その多様性を理解するには，その国の歴史，その国の成り立ち，文化的背景を理解することが重要であると思います。そういったことの理解に答えはありませんが，それを探求し続け自分なりの意見を持てるように，コンサルタントとして，また1人の人間として常に磨いていかなければなりません。

CHAPTER 3

ますます広がる
私たちの仕事

● 本章のテーマ

私たちは「会計」を武器にしてサービスを提供しているけど，実際，お客様からはどんなことを期待されているのかな。会社の経営には会計は切っても切り離せないし，お金の話だから，個人の人にとっても重要なテーマだよね。

小西

この章では，会計分野の専門家として，お客様から期待されていることや，これからどういう変化があるかをお話ししましょう。

清水口

＼私たちが／
お話します！

山田コンサルティンググループ㈱　マネージャー
清水口咲子
事業会社勤務後，当社に入社。主に中小企業の事業承継・資本戦略に関するコンサルティングを中心とした業務を行う。

山田コンサルティンググループ㈱　執行役員・税理士
小西勝俊
ITベンダーでのシステムコンサルティングを経て現在に至る。これまで，事業承継，上場会社に対する株式報酬等のコンサルティングを行い，現在は経営企画担当。

CHAPTER 3 | ますます広がる私たちの仕事

CHAPTER ▶ 3-1

お客様から求められていること

▶ 会計は強い武器となる！

　企業は日々経済活動をしています。その活動を「数字で記録して，財務諸表を作成すること」が会計の役割です。財務諸表を見ると，企業の財政状態や経営成績がわかるので，その企業に関係のある人が何かの意思決定をするときに役立つ情報が載っているのです。つまり，「企業の行動」について話をしようと思えば，会計が基本になります。

　経営者の行う数々の意思決定の多くは，財務諸表等に表現された企業活動の結果に基づいて行われます。そして，これからの企業活動の方向性は，事業計画という形で将来の予想財務諸表に表現されることになります。

　ビジネスの入り口として，会計知識はまさに基本ツールであり，お客様との会話における共通言語となるのです。

▶ 経営者にとって最も身近な専門家

　企業にはたいてい顧問税理士・会計士と呼ばれる専門家がいます。

　顧問税理士・会計士の基本的な仕事は，月次決算書を作成し，その時点の財政状態や経営成績を把握し，分析して経営者に報告することです。企業の規模が大きくなれば，企業の作成した財務諸表等のチェック，決算を早期に行うための体制や業績管理体制をつくるための支援，事業の買収や売却に関するアドバイスなど，顧問税理士・会計士の仕事の幅はさらに広がります。

　会計業務や税務を通じて経営状況を深く知り，経営者の相談にも乗ることで，顧問税理士・会計士は経営者に非常に近い立場で企業の経営に関わることになります。

　昨今，中小企業の経営者の高齢化が進む中，多くの経営者が会社の次世代への承継を考える場面に直面しています。親族や役員・従業員に事業承継し

たいとする経営者もいれば，第三者に事業を譲渡・売却・統合（Ｍ＆Ａ）することで次世代に引継ぎを検討する経営者もいます。いずれにしても，企業にとってはとても重要な局面です。

「2017年版 中小企業白書」（中小企業庁調査室公表）によれば，事業の譲渡・売却・統合(Ｍ＆Ａ)に関心のある企業の，事業の承継に関する過去の相談相手は，取引金融機関（42.3％）を抑えて顧問の公認会計士・税理士（59.1％）がトップだったそうです。

M&Aなど，企業にとって大事な局面においての相談先が顧問税理士・会計士であったということは，経営者がいかに我々を身近に感じてくださっているかを表しているといえそうですね。

▶ 経営者はどんな人からの助言を期待しているか？

なぜ経営者は，顧問税理士・会計士に会社や個人の大事なことを相談するのでしょうか。将来の行動を考えるうえで，まず会社や個人の置かれている現在の状況を把握することが大切なのはいうまでもありません。顧問税理士・会計士は，財務諸表の作成や分析，経営者との会話などからこれらの状況をよく理解してくれていると思われているのではないでしょうか。

たとえば，オーナー経営者が次世代への会社の承継を検討する場合について考えてみます。承継計画を考えようとするときには，伸ばすべき事業への投資，やめるべき事業の選択，次世代の経営者の育成，誰に株主になってもらいたいかなど，その会社について長期的な目線でさまざまなことを検討します。

自分の子どもを次の経営者に決め，自社の株式を贈与しようとする場合には，子どもに贈与税がかかることになります。M&Aで第三者に会社を引き継いでもらうのであれば，株式の譲渡益に対して所得税がかかります。

このように，事業承継の局面では，会社ごとと個人ごとの両面を同時に考えなくてはなりません。

普段から経営者が個人の所得や税金に対する相談も合わせて顧問税理士・会計士に行っていれば，このような場面においても会社・個人両方の立場から適切なアドバイスをもらえると期待するでしょう。

▶ わかっているのは数字だけでよいのか？

経営者の相談役としての税理士・会計士は，経営者の所得と会社の財務諸表を正確に把握しているだけでよいでしょうか？

人により考え方は異なるかもしれませんが，私が経営者なら会社の将来について悩んだときには，自分の経営する会社の経営数値だけではなく，製品やサービスの特徴，ライバル会社や業界動向，会社のお客様について，さらには，自分の家族の状況，趣味や引退後のライフスタイルなどに対しても関心を持ってくれている人に相談したいと思うでしょう。

税理士・会計士の専門分野は，会計や税務なので，その分野では誰にも負けない専門性を持つべきなのは言うまでもないのですが，お客様の良き相談相手になろうとするならば，顧客（個人も会社も）についてより深い関心や知識が必要です。

かつて税理士・会計士の仕事の中心であった記帳や財務諸表の作成などは，機械（ソフトウェア）の仕事になりつつあります。顧客の期待もまた，「かつての仕事の先」にあるのではないでしょうか。

▶ 税理士・会計士はAIに取って代わられる？

2015年12月に公表された，野村総合研究所とオックスフォード大学との共同研究による「10～20年後に，AIによって自動化できるであろう技術的な可能性」によれば，公認会計士と税理士がAIによって代替される可能性は，それぞれ85.9％，92.5％だそうです。

10年後ということで少し安心された方もいるかもしれませんが，これは遠い将来の話ではありません。税理士・会計士の行っている仕事の一部は，徐々にシステムに置き換わってきています。すでにクラウドで提供されているある会計システムでは，銀行口座やクレジットカードの明細を自動取得し，勘定科目を推測して仕訳を提案してくれます。仕訳を行うたびにシステムが学習し，経理処理が自動化されていくような仕組みを持っているものもあります。

税務申告書の作成も，システムからの質問に答えていくだけで，かなりの部分を自動で作成してくれるようになっています。国税庁がウェブシステム

として提供している「確定申告書等作成コーナー」は年を追うごとに進化し，使いやすくなっています。

　かつて（今でも），税理士・会計士の専門業務だと思われていた，記帳や財務諸表の作成，税務申告や，近い将来には監査業務の相当の部分がシステム（AI）によって代替されていく可能性を現実的に感じてもらえたでしょうか。

▶ AIでは代替できない仕事とは？

　では，逆にAIによって代替できない仕事にはどのようなものがあるでしょうか。

　先ほどの野村総合研究所とオックスフォード大学との共同研究によれば，中小企業診断士のAI代替性は，わずか0.2％だそうです。同じ専門家である税理士・会計士とは何が違うのでしょうか。

　中小企業診断士の主な業務は，中小企業の経営課題に対応するための診断・助言を行うこととされています。キーワードは「診断・助言」，つまりコンサルティングではないでしょうか。これは，税理士の税務書類の作成や，会計士の財務書類の監査・証明業務が一定のルールに従った処理とみなされたのに対し，コンサルティングは条件が多岐にわたる複合的な問題解決（これには，数値に表せないものも含まれるかもしれません）は現時点ではAIで代替するのが難しいと判断されたと考えられます。

▶ お客様から求められていること

　もう一度，事業の承継に関する相談相手の話を思い出してください。お客様は，一定のルールに従った処理ではなく，非常に複雑な将来の課題の解決を税理士・会計士に期待しているのではないでしょうか。このようなコンサルティングニーズに答えていくためには，プロフェッショナルとしてどう備えていかなければならないかについて考える必要があります。

CHAPTER 3 | ますます広がる私たちの仕事

CHAPTER ▶ 3-2
プロフェッショナルとして
目指すもの

▶ 会計の情報からわかること

　お客様から新しい価値を求められているなか，プロフェッショナルとしてどのように備えていけばよいのでしょうか。

　本章の冒頭で，会計知識はビジネスの入り口における基本ツールであり，お客様との共通言語である，と述べました。ここでは，税理士や会計士が手にする専門知識や日々触れる会社の情報にはどのようなものがあり，そしてこれらによってどのような新しい価値を提供することができるのか，具体的に見てみましょう。

　会計は，大きく「財務会計」と「管理会計」に分けることができます。

　「財務会計」は，会社内部の人，あるいは外部の人に対して，一定のルールに基づいて，会社の財務内容を正しく報告することを目的としています。代表的なものに，上場会社が作成する有価証券報告書があります。これは，出資者である今の株主やこれから株主になってくれるであろう株主予備軍の人といった，その会社の状況を知りたいあらゆる人や組織に対して，会社の財務内容を報告するために作成するものです。

　法人税の申告書は法人税法に基づいて，納付すべき税額を計算するために作成するものです。上場・非上場にかかわらず全ての会社に作成が義務づけられています。法人税額を計算するには，税金計算の基礎となる「所得」の算定が必要であり，所得の計算の基礎となるのは法人の利益です。ここでもやはり財務会計が必要となります。

　これに対して「管理会計」は，それぞれの会社の経営の考え方に基づいてその業績を判断したり，お金や人といった経営資源を配分したりといった経営管理を行うために必要となる会計情報を作成することを目的とします。

89

▶ お客様に提供できる「価値」とは

　税理士や会計士が行う税務申告書や監査報告書は，法律によってその作成が義務づけられている財務会計の一種であり，正確な報告を行うことが目的であり重要な価値であるといえます。

　一方で，「管理会計」の目的で述べたように，会計情報には将来の経営を決定するために必要となる情報が含まれています。さまざまな情報を持った数値に日々接している税理士や会計士は，「現状」だけでなく「将来」に対しても役に立つ情報を持っていそうだと思いませんか。経営者の方がこれを期待するのは自然なことだといえるでしょう。

　税理士法や会計士法に定められた仕事や使命の視点からのみで会計情報を取り扱うのではなく，お客様の視点に立って会計情報から得られる経営に関する情報の種類や量を見直してみると，会計の専門家として提供できるサービスはもっと価値のある，なによりもお客様の役に立つものに変えていくことができるはずです。

　たとえば，経営者の方がなにか投資をしようと考えた場合を想定してみましょう。

　新しい投資を行うことで損益計算書や貸借対照表へどのような影響があるでしょうか。税務上の特別償却などなにか利用できる税制上の優遇措置はないでしょうか。資金繰りに問題はないでしょうか。

　このようなことを数字に表し，将来をシミュレーションすることで新しい情報を作りだし，新しい価値を提供することができます。単なる「投資の予定」を「事業の計画」という情報へ作り上げることができれば，これを利用する第三者，たとえば投資資金を調達するための金融機関への交渉も優位に進めることができるかもしれません。

　経営者の方のなかには，経営判断を行うときに逐一数値に基づいて判断しない人もいるかもしれません。会社の業務は頭の中にすべて入っている，そんな経営者の方もいるでしょう。それでも，会計の専門家として，経営の管理手法や経営状況の把握手段を情報提供することも1つの価値であるはずです。

　会社の規模が大きくなったとき，経営者の世代交代を検討し始めたとき，複数の事業を行うようになったとき，会社にはさまざまな成長ステージがあ

ります。事業環境が大きく変化するとき，客観的な数字に基づいて会社を分析・把握することは，次のステージに進むためにも必要不可欠なことなのです。

▶ 会計情報から何を企画し，提案するか

　会計事務所のホームページを見ると，監査や税務申告のサービス以外にも，事業戦略の策定，M&A，組織再編，事業承継といったさまざまなサービスメニューが並んでいます。いずれも，財務・会計・税務といった専門知識を軸として会社の重要な場面で提供されるものです。

　ある企業のライフサイクルを見てみましょう。

　一般に株式会社は，株主から現金出資を受け企業活動をスタートします。足りない資金は金融機関などから調達します。このとき，どのように「もうけ」を生み出すのかを説明する計画書を作らなければなりません。

　たとえば，新しい製品を作るために機械を購入する資金を調達する場面を考えてみましょう。機械を購入するだけでは製品は完成しません。原材料を仕入れ，機械を動かして製品を作り，これを販売します。製造部門の人件費や光熱費だけでなく，営業や総務・経理といった間接部門の経費も発生します。売上から原材料費，販売管理費などを差し引いた残りが利益です。利益に対してかかった税金を差し引いて，ようやく手取りの利益が得られます。これを借入資金の返済や次の投資に回します。このようなもうけが出る計画が立たなければ，金融機関から資金を調達することはできません。

　株式を上場することになった場合は，「内部統制」や「コーポレートガバナンス」といった経営の健全化を図る仕組みにおいて，さらに厳格な会計数値の管理が必要になります。

　逆に，会社の経営がうまくいかないときは，現在発生している費用を見直して不要なものを削減し，経営の立て直しを図らなくてはなりません。場合によっては金融機関から借入の返済を免除してもらったり，国からの支援を受けたりすることもあるかもしれません。このような場面でも，将来どのようにして会社を再生させていくかといった事業計画の作成が必要になります。

　経営者が次の後継者に経営を譲るとき，上場していない会社であれば，一般にその時経営者が保有している株式を後継者に渡します。これは，贈与税

や相続税の対象となります。株式は個人の財産ですが，円滑に株式が次の世代に引き継ぐことができるかどうかは会社の経営に影響します。そのため，多くの会社では，事業承継は会社にとって重要な経営課題の1つとして捉えられ，その対策が検討されています。

　あるいは，会社を整理して閉じるという選択をする経営者の方もいるでしょう。第三者へ会社を譲り渡すM&Aを選択する場合も多くみられます。経営者・従業員・取引先など関係者にとって，どの方法を選択するのがよいのか，答えはすぐには出せないはずです。

　会社のライフサイクルを見ていくと，その場面によってさまざまな課題が生じていることがわかります。しかし，企業活動の結果は会計情報に記録されます。その変化を読み取って，先んじてその課題への対応を準備しておくことが，経営者にとって身近な専門家である会計士や税理士の付加価値ともいえるでしょう。

CHAPTER 3 ますます広がる私たちの仕事

CHAPTER ▶ 3-3
専門分野以上の
付加価値をつける

▶ 会社が直面する経営課題

　一般社団法人日本能率協会が2017年8月に実施した，企業が当面する経営課題に関する調査(回答数337社)での経営課題の1位は「収益性向上」となっています。一方で，過去10年のトレンドを見ると，「新商品・新サービス・新事業の開発」，「事業基盤の強化・再編，事業ポートフォリオの再構築」，「働きがい・従業員満足度・エンゲージメント向上」のポイントが伸びています。これは，「事業構造を転換することの必要性，その中での働きがいをもった従業員の重要性が，経営課題として認識されて」いると分析しています。また同調査では，現在の主要事業の事業形態，ビジネスモデルの今後の見通しについて，今後5年間では「通用するか懸念がある」という回答が最も高く(53.4%)，「通用する見通し」(15.7%)を大きく上回っています。

　多くの経営者は，既存事業を続けていくだけでは会社の存続が難しいこと，そのために事業構造を変えていかなければならないことを強く認識しています。今後ますます経営課題は多種多様なものになっていくことでしょう。先ほどの調査報告での経営課題として他には，「人材の強化（採用・育成・多様性への対応)」，「グローバル化」，「デジタル技術の活用」，「戦略的投資」などがあがっています。

　一見すると，会計・財務・税務といった領域とは異なる分野で関係はないように見えます。このような経営課題に対して，会計・税務・財務の専門家は付加価値を出すことができるのでしょうか。

　専門性をさらに深める，これも1つの解かもしれません。たとえば，国内取引だけだったものを海外の取引，国際税務やIFRSといった世界基準のものを身につけていくのもよいでしょう。あるいは，まったく異なる領域の専門性を身につけることもよいかもしれません。

　でも，会計・税務・財務の専門家だからできることはまだあるはずです。

93

なぜなら，会計情報は企業活動において1つの共通言語であり，すべての企業活動は，会計数字として何らかの関係を持つからです。

▶ 専門家としてさまざまな経営課題に取り組む

　会計情報は，企業活動における共通言語の1つであると述べました。具体的に見てみましょう。

　たとえば，国内でしか販売していなかった商品を海外展開することを考えてみます。

　まず，どの国に進出するか検討することから始めましょう。そのためには，各国の生活習慣や消費者ニーズ，類似商品の有無，国民の生活水準など，事前の調査を行います。その国の法律や生活習慣によっては，商品の仕様変更が求められる可能性もあります。どのような販売ルートで商品を販売するのか，自社で販売するのか，現地の会社と販売代理店契約を結ぶのか，現地の商慣習なども検討しながら，海外展開の計画を練り上げていきます。調査事項は多岐にわたります。このとき会計は関係ないのでしょうか。

　そうではないはずです。なぜなら企業の目的の1つはもうけを出すことであり，もうけを出すことを含めて，すべての企業活動および企業の活動計画は会計上の数字として表されるからです。

　会計上の数字は結果の情報でもありますが，事業計画を作成したり，経営判断を行うための検討材料になることは前に述べたとおりです。

　売上が見込めても，商品仕様の変更が必要であればその分原価が高くなり，商品1つあたりの利益は小さくなります。その原価高を補うだけの売上が見込めるのであれば，仕様を変更してでもその国に進出するべきと判断されるでしょう。

　販売方法についても，自社店舗を設けるよりも，委託手数料を払ってでも代理店経由で販売したほうが初期投資コストも抑えられ，また既存の販売ルートを利用することで売上の見込みを立てやすいかもしれません。

　事前調査で得られた情報に基づき事業計画を立て，会計数値に落とし込むことで，これからの新たな海外展開が具体的に見えてくるのです。

　会社が新たな課題に取り組もうとしたときに，会計・税務・財務以外の専

門知識が必要となってきます。しかし，企業の活動は会計数字で表され，会計情報は企業活動におけるいわば共通言語です。このように考えると，異なる専門分野であっても会計の専門家はすべての活動に関係することがあるはずです。

　会計の専門家は自身の専門分野に関係する課題が顕在化するのを待つのではなく，専門知識を1つの武器として経営の課題へ果敢に立ち向かっていかなければなりません。

▶ 他の領域・専門家をつなげる役割

　企業活動において会計情報が共通言語の1つと考えれば，会計・税務・財務の専門家は，その専門知識だけでなく，さまざまな専門領域をつなげる役割も持っていると考えられます。

　企業活動が複雑化するなかで，さまざまな課題の解決には複数の専門領域の知識が必要となってきています。しかし，さまざまな専門家が集まっただけでは，その課題は解決されないでしょう。独立した専門の情報がただ集められたとしても価値はありません。

　それらを分析し，つなぎ合わせ，適切な形に加工して，はじめて課題を解決することができるのです。そのつなぎ合わせがうまくできなければ，集められた価値のある情報を活用できないだけでなく，場合によっては誤った方向へ経営を導き，損失を出してしまう危険性もあります。

　共通言語の専門家である会計・税務・財務の専門家は，このような場面において，各専門領域をつなぐいわば「ハブ」のような役割を果たすことができるのではないでしょうか。これもまた会計・税務・財務の専門家の付加価値といえるでしょう。

▶ 経営者と同じ視点に立つ

　経営者の役割の1つは，経営課題に対し判断し決断することにあると考えます。この判断に資する情報を提供しなければならない専門家は，必要な情報の収集・分析を行うためには経営者と同じ視点に立つことが必要です。

会計情報が経営の共通言語の1つと考えれば，「会計を通して関与する海外進出」，「会計を通して関与する労務管理」，「会計を通して関与するM&A」など，さまざまな経営課題に関与していくことができます。会計の専門家としてあらゆる領域の経営課題に踏みこんでいくことは，自身の専門領域の経験を積むだけでなく，その幅を広げ，豊かなものにしてくれるでしょう。

　また，このような経験は「課題発見」のために役立ちます。つまり，すでに「課題である」と認知されているものだけでなく，課題と気づいていない，あるいは，まだ課題とはいえないものに対しても，先だってそのリスクに気づき，対処を検討することができるのです。

　これからの会計・税務・財務の専門家は，経営課題のうち自身の専門分野と考える領域のみに限定して関わるのではなく，自身の知識と経験を武器に経営者と同じ目線で経営課題に取り組んでいく，そんな姿もプロフェッショナルとして目指すべき姿の1つといえるのではないでしょうか。

CHAPTER 4

私たちが経験から学んだこと

資格にあぐらを
かかない！

● 本章のテーマ

この業界で働いていると、"みんな何かの資格を持ってるんでしょ？"ってよく聞かれるよね。

河村

そうだね。でも実際は資格だけ持っていたらいいって話でもないよ。資格に頼らず活躍している人もいるしね！

池尻

一般的なイメージとのギャップがあるよね。この章では私たちがこの業界を選んだ理由や、資格に対する考え方についてお話しましょう。

近江

私たちがお話します！

税理士法人山田&パートナーズ　マネージャー・税理士
河村美佳
損害保険会社，個人税理士事務所を経て現在に至る。相続申告，事業承継や資産承継に関するコンサルティング業務を行う。

山田コンサルティンググループ㈱　課長・CFP®認定者，1級ファイナンシャル・プランニング技能士
池尻武志
損害保険会社の商品システム設計を経て，現在に至る。ＦＰ資格の取得者向け教材，各種コンテンツの企画・制作を行う。

山田コンサルティンググループ㈱　執行役員・税理士
近江彩子
新卒で当法人に入社。以降，事業再生支援，成長戦略支援，事業承継支援，M&A支援等の各種経営コンサルティング業務に従事。

CHAPTER 4 　私たちが経験から学んだこと
　　　　　　資格にあぐらをかかない！

税理士法人山田&パートナーズ
マネージャー・税理士　**河村美佳**

CHAPTER ▶ 4-1
お金のお悩み相談に乗りたい！

「資格」を取ろうと思った理由!!

　私は大学時代，恥ずかしながら勉強らしいことをほとんどしませんでした。就職も有名企業を目指して就職活動を行い，某企業の事務職として入社しました。その当時は社内結婚の多い会社で，入社した女子社員のほとんどが結婚を機に退職していきました。

　そんな中，自分で希望して入った会社とは言え，なんとなく私は何か物足りなさを感じ始めていました。

　配属された部署はシステム開発部ではありましたが，自社の給与システムの保守だったため，毎月同じことの繰り返し。人事部から上がってくるデータをコンピューターに入力して給与計算をする，簡単に言ってしまえばそれだけの仕事でした。

　事務職だからそういう仕事なのか，よくはわからなかったのですが，隣に座っている男性社員も大して変わらないことをしている状況でした。大学生就職ランキングの上位にランキングされる業界にもかかわらず，やりがいを感じられなくなってしまいました。

　大企業は意外と資格好きと言ってよいようです。会社自身もそうですが，そこで働いている人々もそうです。

　なぜ資格なのでしょうか？　きっと歯車の中のさらにネジの1つでしかない自分を，何かで主張したいのかもしれません。何百人もの同期が全員同じ条件で採用される中で，どうやって区別されていくか。ある程度は，目に見えるもの，つまり資格取得でアピールしていくしかないのだろうと思います。

なぜ「税理士」を選んだのか?

　そんな流れの中で，私も資格の勉強を始めました。簿記検定を受け，その延長線上で，税理士試験を受け始めました。

　当時は税理士にこだわっていたわけではありませんでした。もともとは，その頃に流行りだしたファイナンシャル・プランナーになって，お客様のご相談に乗りたいなと，生意気なことを考えていました。ただ，"ファイナンシャル・プランナー"という資格が当時まだメジャーではなかったので，「税理士も取っておいた方がよいかも!?」と思った程度でした。

　ちなみに，ファイナンシャル・プランナーの資格試験は，とても幅広く面白かったです。金融，不動産，社会保険，生命保険，税金，相続・事業承継と勉強しておくときっと自分自身にも役に立つものばかりです。

　ただ，私はまず資格を取ることを目指してしまったため，ファイナンシャルプランニングについて深く勉強しなかったことを今でも反省しています。

仕事の幅をどこまでも広げていける!

　ところで，「税理士」と聞くと，皆さんは何をイメージされるでしょうか?
"細かい書類を作成する人でしょ?"
"デスクに向かって計算ばっかりやっていそうだよね?"
"なんか堅そうな職業だな…"　などでしょうか?

　確かに，会社の決算書類を作成する業務がメインで，パソコン入力や電卓を片手に仕事をしている税理士もいると思います。しかし，税理士の仕事はそれだけではありません。

　私の主なお客様は，法人よりも個人である会社オーナーや富裕層といわれる方々がメインで，お客様とのご面談も多く，セミナー講師をすることもあるため，デスクに座っているよりも外に出ていることが圧倒的に多い状況にあります。

　お客様から見れば，税理士も弁護士も司法書士も社会保険労務士も同じ。もっ

というと，資産運用の相談も税理士が行えばよいと思っています。

　もちろん，法律上，弁護士にしかできない業務，司法書士にしかできない業務もあり，他の士業と連携することも多いのですが，連携するにしても，こちらに知識がないとどこにお願いしてよいのかわかりません。

　また，税務に関する相談にしても，法人税，所得税，相続税，贈与税，そして国内に限らず，場合によっては海外の税務相談もあります。自分は法人税しかわかりません，相続税しかわかりません…などといっても，お客様には通用しないと考えるべきでしょう。

　さらに，富裕層のお客様は多趣味の方も多いので，それらにも対応する必要があります。つまり，ゴルフや海外旅行，ブランド品のショッピング，グルメ，クルージング，山登り，音楽，観劇，絵画，華道，茶道などです。ですから，あらゆることに私たちも興味を持っていなければ会話が成り立たず，お客様とのコミュニケーションが図れず，仕事がスムーズに進まないということにもなりかねません。

　富裕層の方々とお付き合いするためには，税理士としての勉強をするだけでなく，少し背伸びして良いものを見ておくなども決して無駄なことではありません。

安心して話せる相手になりたい！

　相続税申告をご依頼くださるお客様とはじめて面談する時，私の姿を見て，「女性の税理士でよかった」とほっとされるお客様がいらっしゃいます。「年配の怖い先生でなくてよかった…」と（笑）。

　私自身も，はじめて訪れるお医者様を受診したり，法律相談ではじめての弁護士と面談したりした時，相手の高圧的な態度に委縮した記憶があります。そんな時は言いたいこともいえず，結局意味のない相談になってしまいがちです。

　私がこの仕事を選んだ理由の1つに，お金のことを誰にも相談できず，困っている女性を助けたいという気持ちがあります。

今まですべて夫に任せていたため，夫が亡くなって何もわからない…という方々のためです。ホテルやレストランにも，至れり尽くせりのサービスがあるところとセルフサービスのところがあるように，手取り足取りの高級なサービスを目指したいと思っています。

資格がないと働けない!?

私は資格がないと自分に自信が持てなかったため，資格を取ることを優先してしまいました。もしかして，資格さえ取れば，独立開業できるのでは？と思ったのでした。しかし，それは大きな勘違いでした。

税理士に限らず資格を取ろうと目指している人たちの中には，それに頼らないと生きていけない，と思い込んでいる人も少なくないようです。

もちろん資格がないとできない税金の申告業務のようなものもありますが，ほとんどのコンサルティング業務は資格とは関係ないのではないでしょうか？

たとえば，税理士として独立開業したとします。税理士はお医者様と違って，その場所に事務所を構えたからといって訪ねて来てくださるお客様がいらっしゃるわけではありません。

基本的には誰かどこかからのご紹介でお客様が来てくださる，そういう傾向にあります。そうなると，紹介してくださる先をどれだけ持っているかが重要です。ということは，顔の広さと自分自身がいかに人に信頼されているかが重要ということになります。

私も資格を取ったら独立開業，なんて甘いことを考えていました。しかし，実際に税理士として働きだしてみて，それがどんなに大変なことかがわかりました。税理士だから，なんていう理由で仕事を頼んでくださる方がいるはずもありませんでした。

そう考えると，資格はないけれど，たとえば会計事務所に勤めている人がいたとして，その人にきちんとした知識があって，人間的にも信頼できる人なら，お客様を紹介していただけるはずです。

また，資格を取る人の中には，人と接することがあまり得意ではないから

CHAPTER 4　私たちが経験から学んだこと
資格にあぐらをかかない！

No.

DATE　　／　　／

資格を取って専門職になろうと考える人もいるようですが，現実は全くの逆です。

　税理士は常にお客様とコミュニケーションをとらなければならないサービス業です。ですから，むしろ対人感受性に優れていて，営業が得意な人にこそなってほしい職業の１つです。

専門家として自分の知識を高めたい！

　資格を取った今では，資格を取ることはゴールではなく，資格自体にあまり重要な意味はなく，資格はこの仕事をする上での始まりだったと思うようになりました。

　ここから，どれだけ知識を積み上げていけるか？

　経験を積み上げていけるか？

　それとともに人間として成長していけるか？

　それが，お客様から区別していただける，お客様からこの人に頼もうと選んでいただける方法だと思うようになりました。

103

山田コンサルティンググループ㈱
課長・CFP®認定者・1級ファイナンシャル・プランニング技能士　**池尻武志**

CHAPTER ▶ **4-2**

資格は大切。
でも資格だけではダメ

個人はお金の相談相手がいない

　私は，大学を卒業してから損害保険会社でシステムエンジニア（SE）として働いていました。ひと通りの仕事を覚えて周りを見渡す心の余裕ができた頃，同期との会話の中で「お金がない」，「お金が貯まらない」と言う人に，違和感のようなものを覚えるようになりました。

　「自分はそれなりに貯蓄できている。同じ仕事をして，給料も大きく違わないはずなのにどうしてなんだろう？」

　しかし，その疑問を相手にぶつけることはしませんでした。なんだかお金のことを尋ねるのは悪いかな，と思ったからです。

　そして気付きました。この同期に限らず，身近にお金の相談をできる人がいないことに…。

　その後，海外には個人がお金の相談をすることができるファイナンシャル・プランナー（FP）という職業があることを知ります。当時の日本では，ファイナンシャル・プランナーやFPという言葉はあまり認知されていませんでしたが，「これからは国や会社が面倒をみてくれる時代ではなくなるのではないか？　私たち自身がお金について考えなければならないようになるのではないか？　そうであれば，FPは社会に貢献できる仕事になるのではないか？」

　そう考えるようになり，自分がそうなりたいと思って，FPの世界に飛び込みました。

104

CHAPTER 4　私たちが経験から学んだこと
資格にあぐらをかかない！

No.

DATE　　／　　／

個人と士業をつなぐ懸け橋になる

　経営者や資産家であれば，日常的に税理士との結びつきがある方も多いと思いますが，通常，個人は税理士をはじめとする士業の方々とは，まず接点がありません。仮に，個人が税理士に依頼したいことがあったとしても，税理士に声を掛けるまでの心理的な壁の高さは相当にあり，依頼することを決めてからも「専門家を前にしていつも以上に緊張してしまった」という話を聞いたことがあります。

　ところで，ＦＰの業務は独占業務ではありませんし，税務相談を行うことはできませんので，個別具体的な税金の話になると税理士と協働することになります。

　「自分が元気なうちに，子どもや孫に財産の一部を渡しておきたい」，「家族が亡くなり，相続税に関しての不安がある」，「離婚を考えているが，税金がかかるかどうか教えてほしい」など，個人でも税務に関する潜在的な悩みはたくさんあります。

　ＦＰに関連する仕事をしている人は，コーディネーターとしての役割も期待されるので，個人と士業をつなぐ懸け橋になることを目指せばよいのです。

壁を作らず，多くのことに興味を持つ

　属している会社や組織によって温度差や程度の違いはあるでしょうが，おしなべて会計業界は自分がやりたいと思ったことができる環境にあるのではないでしょうか。記帳代行をやるにしても税務相談・コンサルティングをやるにしても，ある程度の経験を積むことで前に進むことができるはずです。

　他の業界や一般的な会社では，仕事の縦割りや縛りが強いため，決められたことだけをやって成果を出さなければならない（決められていないことをやっても評価されにくく，次につながりにくい）ように思います。

　私の例では参考にならないかもしれませんが，私自身はＦＰの立場を軸として，ＦＰ知識の習得に興味を持っている方向けにＦＰ試験対策講座の教材

105

作成，本やコラムの執筆，ウェブ掲載用コンテンツの企画・制作，相続で困っている方向けの情報提供なども行っています。

　ＦＰだけをクローズアップするなら，ＦＰ知識を武器に金融商品などをバリバリ販売する道もありますが，いろいろな種類の仕事を幅広く経験できるいまの環境が，自分には合っているように思っています。

専門性を活かして可能性を広げる

　極端なことを言うなら，会計業界にいながら業界の壁を越えて別の業界の仕事をすることもできるはずです。わかりやすい例として，財務や税務の知識をシステムに持ち込めば，経理・会計ソフトが作れます。

　いまは業界の垣根が低くなっている時代です。「フィンテック」（金融×テクノロジー）や「インシュアテック」（保険×テクノロジー）に代表されるように，これまで考えられなかったこと，もしくは考えられていたけれども技術的に実現できなかったことが，新たなサービスとして提供され始めています。

　自身の専門性を軸としながら，守備範囲以外の要素やアイデアを形にできる人材は，今後ますます求められていくはずです。自分自身に限界を設定せず，新しいことにチャレンジしやすい環境は貴重だと思います。

依頼されるかどうか

　よく誤解されていることとして，「資格がなければ，経理業務などの数字を扱う職種には就けない」というものがあると思います。私もいまの仕事を始めるまでは，同じように思っていました。小売業やサービス業などのように消費者に近い業界とは違い，会計業界はイメージが湧きにくいのは確かでしょう。

　業法により，資格を有していない者が行ってはならない業務が定められている一方で，資格を持たなくても活躍している人は数多くいます。仕事を依頼する側からすれば，資格がない人よりも資格がある人に仕事をしてもらいたいと考えるはずなのになぜでしょうか？

CHAPTER 4 私たちが経験から学んだこと
資格にあぐらをかかない！

No.

DATE　　　／　　　／

　資格がなくても仕事の絶えない人は，資格というブランド以上に自分自身の個性や人間力そのものがブランドとして確立されているのだと思います。

　残念なことですが，会計人に対して「頭はいい（数字には強い）けれど，人間味に欠ける」，「対応が冷たい」などという声をしばしば耳にします。このように言われてしまう人は，「資格」を持っている自分に重きを置いていて，資格を持っている「自分自身」のことは，あまり気に留めていないのではないでしょうか。ひょっとしたら，資格を持っている自分よりも自分の人間性が重要だということに気付いていないのではないか，と思えるのです。

　依頼者のことを最優先に考え，誠実に対応できる人は，言うまでもなく信頼されます。このとき何か1つでも特技を持っていると，より信頼されるようになります。特技は必ずしも特殊なスキルである必要はなく，他人が1週間かけてやる仕事をたとえば3日でまとめることができれば，それは立派な特技になるでしょう。

　このあたりは，取り扱うものは違えども，できる営業マンと通じるものがあるように感じます。「依頼者の悩みを解決したい」と強く思うことができて，実際に行動に移すことができる人であれば，資格がなくても輝くことができる，それが会計業界なのだと思います。

資格は大切，マインドはもっと大切

　税理士の業務や会計士の業務など，専門的な分野で活躍したいと思えば資格は必要になりますが，資格の取得をゴールと考えず，「資格を取った後に自分が何を目指したいのか」をイメージできるようになっていたいものです。

　コンサルティングファームで働くにしろ，独立して自分の事務所を持つにしろ，第一線で活躍するためには努力（勉強）し続けなくてはなりません。二流・三流の仕事が続けば，当然ながら顧客は離れていきます。顧客から期待される課題解決能力を発揮するには，自己を分析する力と向上心，専門家としてのマインド（仕事に対する姿勢）が大切なのではないでしょうか。

専門知識＋α

　税理士の仕事は，椅子に座って待っていれば依頼が次々に舞い込む仕事ではありません。自分でどれだけ動けるか，言い換えれば，顧客のためにどれだけ汗をかけるかということが大切です。

　自ら動けば，壁にぶつかることも増えますが，それは成長の大きな糧となります。座って待っているだけの人と比べて，成長スピードが大きく違うことは言うまでもありません。昔は，顧客から質問された範囲内で（あるいは質問されたことだけ）答えていればよかったかもしれませんが，そのような考えの人は，今後はＡＩ（人工知能）に取って代わられるでしょう。

　ＡＩが最も得意とするのは数字です。そのため，顧客を見ずに数字だけを追いかけている税理士は，ＡＩに勝てなくなると思います。

　では，私たちはどうすればよいのでしょうか？

　答えは，ＡＩが得意としない分野に力を入れることです。

　事業承継を課題とする顧客に対して，数字上の効果が最も高い解決案を提示したとして，それが常に最上の回答でしょうか？

　その顧客にとっては，事業を継続させる重要性と同じくらい子どもに継いでもらいたい思いが強いかもしれません。このような場合，数字の正確さに加えて「人の気持ち」が入らなければ，専門家から見て高い効果が見込まれる解決案でも，顧客には心情的に受け入れられないでしょう。

　専門知識は当然にして求められますが，それだけではなく，人の心に寄り添うコンサルティングがより重要になってくるのではないでしょうか。

　会計業界にいる者にとって，ＡＩの時代は不遇の時代ではありません。時代の変化は，努力を重ねてきた者にとってチャンスでもあります。会計業界は，まだまだ面白いことになりそうです。

CHAPTER 4　私たちが経験から学んだこと
資格にあぐらをかかない！

山田コンサルティンググループ㈱
執行役員・税理士　近江彩子

CHAPTER ▶ 4-3
資格は"足の裏の米粒だ！取っても食えない！"

父の背中から感じたこと

　私が税理士となることを目指したのは、父の姿に憧れたことがきっかけでした。父は、税理士資格は持っていませんが、勤務職員として地方の税理士事務所に勤めています。

　子供の頃、土日を問わず、わが家には父のクライアント企業の社長が訪ねてこられ、父にいろいろな相談をしていました。

　その相談内容は、税金に関することだけではありません。たとえば「今後どうやって会社の業績を伸ばしていったらよいか？」、「従業員の昇給をどのようにしたらよいか？」という会社経営に関する相談から、「自宅を建てようと思うのだが…」、「跡継ぎである息子と喧嘩が絶えなくて…」といった社長のプライベートに関わるお話までさまざまでした。それら1つひとつに真剣に応える父の姿を、幼い記憶ながら覚えています。

　そんな父の背中を見て、私も、いつか社長のありとあらゆるお悩みを解決できる仕事に就きたいと考えるようになりました。

社会人1年目、上司からの一言に衝撃

　その後、税理士になることを目指し、両親の応援も得ながら、なんとか資格を取得することができました。税理士の登録には、実務経験が必要です。私は、税理士の実務経験を2年積めば、税理士登録ができるという状態で、現在の経営コンサルティング会社に入社しました。

　入社後すぐに、上司から言われた言葉を今でも鮮明に覚えています。

「資格なんて"足の裏の米粒"だ！ 取っても食えない！
このことを忘れるな！」

　もちろん，資格を取ったからといって，社会人として，税理士として，一人前になれるとは考えもしていませんでした。しかし，上司からすると，資格取得者の根っこの甘さや，その甘さゆえに資格に依存し，資格という範囲の中でしか仕事をしなくなる危険性を見抜いたのだと思います。

　この言葉には，「ガツン」と大きな衝撃を受けました。

　その後も，事あるごとにその上司から，「資格を取って満足するな！」，「税理士である前にビジネスパーソンであれ！」と繰り返し教えられました。今でもこの上司にかけられた言葉を心に留めています。

「企業経営のよろず相談所」であり続けるために

　現在は，税理士の資格を活かしながら，経営コンサルタントとして働いています。経営コンサルタントの仕事は，税金だけでなく，経営に関わるさまざまな悩みを相談されます。それら1つひとつについて，最適な解決策を検討し，具体的な解決に向けて，企業と社長をサポートすることがミッションです。言い換えると，経営コンサルタントの仕事は，「企業経営のよろず相談所」といえます。

　父の背中を見て私が目指した目標は，まさにこの企業経営のよろず相談所といえる仕事でした。この夢を叶えるために，会計業界で働くこと，税理士になることを目指したのです。

　しかし，実際に仕事をして感じることは，「企業経営のよろず相談所になること」，そして「よろず相談所であり続けること」は，そう簡単なことではありません。

　よろず相談所ですから，企業や社長の「あらゆる悩み」の相談を受け，解決できなければなりません。一方で，企業経営を取り巻く環境は，日々猛烈なスピードで目まぐるしい変化を続けています。つまり，それに伴って，企

業や社長が抱える悩みも，乗数的に多様化しているのです。

　たとえば，一昔前であれば，既存の事業を国内で拡大していくための相談に応じていればよかったものが，今ではそれだけでなく，新たな事業を，海外市場への展開も視野に，将来の人手不足への対応も踏まえて，どのように創っていくかにまで話が広がるのです。

　よろず相談所であり続けるためには，毎日が勉強の日々。自分自身も変化と成長を続けなければ，相手が求めることに応じられないからです。

「資格を取る」ということ

　税金に関する法律は，法律家のなかでも有名なほど，とても複雑かつ膨大です。資格取得の勉強の中で，その内容をキャッチアップするだけでも，大変なことです。

　そのため，「税理士の資格がある」ということは，試験勉強を通して税金の専門的な「知識」を持っているという点で，少しだけプラスに働くのかもしれません。

　しかし，資格を取得し，専門的な知識を持っているということだけで満足していては，お客様に真に必要とされるビジネスパーソンにはなれません。

　実際に，税理士としてお客様から相談を受ける内容は，税金の専門的な知識のみでお答えできることとは限りません。

　たとえば，従業員の給与に関する税金相談のなかでは，「人材採用や育成を見据えて，給与体系をどのように変えていったらよいか？」という話がでてくることがあります。

　また，海外子会社の税金相談では，「今後の海外進出は，どの国を目指すのがよいだろうか？」という質問を受けます。さらには，M&Aをする際の税金相談では，「M&A後のシステム統合は，どう進めたらよいか？」といった話にまで展開することもあります。

　そのような時に，「税金以外は専門外なのでわかりません」と返答していては，そもそもお客様のニーズに応えられていないばかりか，「次もこの人に頼もう」

と思ってもらうことさえもできません。

　また時には，税理士が税金を節約するためだけの手法をアドバイスしてしまい，それを受けた経営者が知識をつぎはぎしながら節税をした結果，「会社の本業自体に支障が出てしまった」という事態に遭遇することもあります。このようなケースは，"税金の節約"だけに焦点を当ててしまった，悪い例といえるでしょう。

　このような事態を招かないように，税金の専門家としてご相談を受けた場合であっても，お客様の置かれている立場や背景，事業内容を深く理解し，将来にわたってどう影響するかまで考えたうえで，アドバイスをする必要があります。

　専門領域の範囲の中だけで，知識のみを「切り売り」しているようでは，お客様に必要とされるビジネスパーソンにはなれません。お客様に必要とされるビジネスパーソンは，お客様のあらゆる悩みに対して，広く多面的な視野をもって打ち返すことができる人です。さらには，「知識」ではなく「知恵」を武器とすることで，$1 + 1 = 2$ ではなく，$1 + 1 = \dot{3}$ 以上になるような答えを，常に提示できる人ではないでしょうか。

「知識」を「知恵」に！

　知識とは，文字通り「ある物事を知っている」ことです。他方で，知恵とは，その知識を「適切かつ有用に活用することのできる能力」といえます。

　今後はＡＩ（人工知能）の進化も加速し，より正確でより多くの知識を"機械"が十分に提供してくれるようになるでしょう。そういう時代になるからこそ，ますます「知識」を切り売りするのではなく，その知識を「知恵」に変換できてはじめて，$1 + 1 = 3$ 以上の答えをお客様に提示することができるようになるのです。

　そのためには，たとえば「お客様の事業は今までどのような変遷をたどってきたのか」，「現在はどのような経営環境に置かれているのか」，「将来その経営環境はどのように変化していくのか」，「お客様のお悩みの本質はどこに

CHAPTER 4 私たちが経験から学んだこと
資格にあぐらをかかない！

No.

DATE   /   /

あるのか」，「課題解決のためには何が一番重要なのか」など，多面的な視野
から深く考えなければなりません。また，試行錯誤の実践を積み重ね続ける
ことが必要です。

　資格を持っている人は，資格を持っていない人に比べて，"ビジネスパーソン"
というゲートの入口に，少しだけ前のほうに並べるのかもしれません。それ
は優先搭乗口から飛行機に乗るようなものでしょう。

　しかし，資格を取ったことにあぐらをかいてボーッとのんびりしていると，
周りをグルっと見渡した瞬間，優先搭乗口からビジネスパーソンの世界に入っ
たはずの自分が，いつのまにか列の最後尾に並んでいることに気づくのでは
ないでしょうか。

　つまり，「知識」ではなく「知恵」を武器にできたときに，お客様に真に
必要とされるビジネスパーソンになれるのだと思います。

113

COLUMN

山田淳一郎
Junichiro Yamada

「人が好き」は
ビジネスのはじまり

　私の独立開業の頃のお客様は，ゴルフ友達と税理士の勉強を始める以前からの知り合いの友達，以前勤めていた会計事務所時代に知り合った弁護士さん，および，その弁護士さんに紹介頂いた顧客，生命保険の外交をしておられる方から紹介頂いた顧客，という具合に，結局は人との接点があって，それがつながった"人縁"でした。

　ここで言えることは，まず仕事があった訳ではなく"人縁"があり，それがつながって顧客が少しずつ増えた，ということでした。そうそう，顧客を紹介くださった方は上記以外に銀行マンも重要な存在でした。

　さてこのように"人縁"がつながった理由ですが，まず，自分で言うのもなんですけど，私が人が好きなことから，それらの方々も私を好きになってくださったからだろうと思います。次に，税理士としてもほどほどに優秀だろうと認めてくださったからだと思います。どちらかが欠けていてもいけなかったのだろうと思います。

　考えてみると人に好かれるってことは意外に武器になるのですね。

　この点で多趣味で人脈が広いというのは「財産」なんです。

CHAPTER 5

私たちが経験から学んだこと

期待に応えるために
必要なチカラ

● 本章のテーマ

私たちは「会計」をフィールドとした専門分野で働いているけど，世の中は私たちにどんな期待をしているのだろうね。

久島

専門家ということで，何でも知っていると思われがちだけど，知識があれば相手の期待にすべて応えられるというわけではないよね。

田中

この章では，私たちの経験をもとに，「相手の期待に応える」ってどういうことかをお話ししましょう。

伊藤

＼ 私たちが ／
お話します！

山田コンサルティンググループ㈱　執行役員・公認会計士
久島満洋
地方銀行，監査法人を経て，現在に至る。
M&A関連や会計系のコンサルティングを中心とした業務を行う。

山田コンサルティンググループ㈱　部長
田中啓之
光学系ベンチャー企業での商品開発職を経て，現在に至る。
M&Aに関するエグゼキューション業務を中心に行う。

山田コンサルティンググループ㈱　コンサルタント・宅地建物取引士
伊藤裕太
総合不動産ディベロッパー，不動産仲介会社を経て現在に至る。
現在は，売買・賃貸・資産管理に関するコンサルティング業務を行う。

CHAPTER 5 | 私たちが経験から学んだこと
期待に応えるために必要なチカラ

山田コンサルティンググループ㈱
執行役員・公認会計士　**久島満洋**

CHAPTER ▶ 5-1
コンサルタントに
なってよかった!!

「資格＝専門知識＝仕事ができる」と思っていた頃

　公認会計士の資格を取る前，私は銀行員でした。当時，身近にいる会計士と言えば監査に来るおじいさん先生だけで，時折，支店長室の奥にある会議室にこもって，「この仕訳の伝票を見せて」とか「契約書を持ってきて」と言って，あとは帳簿とにらめっこ。時折質問をして，それで銀行の決算書が適正かどうかチェックしているというのですから，「よくわからないけれどすごいんだな」と思っていました。

　あるとき，小学校時代の親友から会計士に受かったと連絡がありました。ちょうどそのころ，仕事上で「人というものは，見えにくい"能力"よりも見えやすい"肩書"で判断するんだな」と考えさせられることがあり，「肩書を得るために出世をしようとしても銀行では時間が掛かりすぎる。それより資格を取ろう。そうすれば自分の意見も重みを増すだろう」と考え，銀行を辞めて会計士受験生となりました。しかし，会計士になりたいという思いが先にあったわけではないので，会計士の仕事がどういうものであるかは知りませんでした。ただ「よくわからないけれどすごいんだろうな」というおじいさん会計士のイメージはありましたから，安直に「会計士になればそれだけで仕事ができるようになる」と思っていました。

「仕事ができる＝専門知識プラスα」だと気付いた監査法人時代

　運よく会計士試験に合格し，私は晴れて会計士になりました。他のほとんどの合格者と同様に私も監査法人に就職しましたが，監査法人は監査をする

117

ところです。一度監査契約を結べばそう簡単に仕事がなくなるわけでもなく，私が思っていたような「会計士になればそれだけで仕事ができるようになる」という世界に近いものでした。

監査法人の同期はみんな真面目でよく勉強していました。『監査小六法』という分厚い法令集を片手に，クライアントの会計処理についてそれが妥当であるのかどうか夜遅くまで議論したものです。そうやって仕事に向き合っているうちに会計・監査に関する専門知識はどんどんついていきました。それに専門知識がないとクライアントから信頼されないので，「資格者である以上，専門知識を早急に実務家レベルにもっていかないと仕事にならない」と感じていました。

一方で，仕事ができる・できないは知識だけの問題ではないことがわかってきました。たとえば，監査に必要な資料を正しく，そして迅速に提供してもらえると監査を効率的に進めることができます。ということは，こちらの意図・目的をクライアントに正確に伝えられれば監査をスムーズにできるわけですから，「コミュニケーション能力は大事なんだな」と思いました。

また，新しい取引に対し複数の会計処理が考えられる中，特定の会計処理を採用したいとクライアントが主張してくることがありますが，それが取引実態を適切に表すからそう主張しているのか，それとも別の意図があるのかを検討する際，クライアントの説明は取引実態と整合しているのか，従前の説明と食い違っているところはないか，説明を聞いているとなるほどと頷きたくはなるものの果たしてそんなに都合のよいことはあるのかといった点のチェックを繰り返すうちに，「注意力や論理思考力が必要なのだな」と思うようになりました。

意見を言うには自信が必要

監査法人に5年ほどいた後，現職のコンサルタントになりましたが，いきなり困ることになりました。会計・監査の知識・経験はありましたが，クライアントの悩みを解決するには，それだけでは足りなかったのです。クライ

アントのニーズに必死で食らいつきながら，徐々に必要な知識を得ていき，自分が対応できるコンサルの幅は広がっていきましたが，しかしなかなかお客さんが増えていきません。

　そのような状況の中，「あるクライアントが介護施設運営会社の財務調査をしてくれる会計士を探しているけれどやってみないか」と親しい会計士が私に声をかけてくれました。そのクライアントは介護施設の買収を複数手がけており，今回の調査も声をかけてくれた会計士に依頼したのですが，忙しくて手が回らず，代わりに私をそのクライアントに推薦してくれたのです。

　当時の介護業界では入居一時金に返還義務が全くなかったこともあり，入金時に一括売上計上する会社が多い時代でした。そして調査対象会社も入居一時金を一括売上計上していたのですが，私が中間報告時に入居一時金について「会計慣行として一括売上計上もあるけれど，原則は期間按分ですよね。合理的に残存入居期間を見積もる必要がありますね」とクライアントに問題点を指摘した途端，クライアントも急に大きな声で「やっぱりそうですよね」と反応したのです。実はクライアントも入居一時金は家賃の前払的な性格があると考えており，それを入居時に一括で収益認識するのはおかしいのではないかと，これまでも過去の調査時に担当した会計士（1人だけではなく複数人）に質問したそうなのですが，皆そろって，「まぁ，こういう会計慣行ですからね」という反応だったそうなのです。

　私が「財務諸表にどう表示するかについては他社との比較可能性も重要ですからそういう判断もあるのでしょうけれど，今は買収するかどうか，すなわち投資意思決定のために調査しているのですから，期間按分して正確な損益を把握しないと」と言うと，「自分の意見をはっきりと話してくれる会計士ははじめてです」と嬉しそうにおっしゃってくださいました。

　その時私は，「あぁ，知識がいくらあってもダメなんだな。自分の考えをストレートに言うことも大事なのだな。でも，自信がないとなかなか言えないよな」と気づきました。しかし，この時の気づきはまだ「知識」に意識が向いている点で，浅いものだったと後で気づくのです。

人間対人間

　ある時，上司に帯同して，某損保会社の会長にお会いする機会をいただきました。それはランチを食べながらの会話でしたが，レストランの前で「やぁやぁ，お久しぶりです」，「いやぁ，お時間をいただいて申し訳ない」と笑顔でのあいさつから始まり，当時は日本がワールドカップラグビーで強豪南アフリカを破ったときだったのでラグビーの話を皮切りに，日本の政治や若者の教育，ボランティアなど話は多岐に広がり，あっという間に2時間が過ぎて，会食は終わりました。

　会食後，上司に「○○会長とは随分親しいんですね。お付き合いは長いんですか？」と聞くと，上司は「ん？　会ったのは今日が2回目だよ」と当然のように返しました。

　このランチは大事なことを教えてくれました。まず，凄い人はよく知り，よく考えている，ということ。単に仕事のことだけでなく，世の中のこと，世界の仕組み，人間の幸せ，さまざまな分野について普段から興味を持って情報を集め，それを自分で納得いくまで考えて自分のものにしているからこそ，短い時間にもかかわらず自分の意見を誰にでもわかりやすく伝えることができるのだと気づかされました。

　次に，凄い人はスケールが大きいということ。会話では，話がすぐに日本規模，世界規模になるのです。もちろん居酒屋で管を巻いているようなものではありません。この世がどうなればよくなるか，そのために具体的に自分たちはどう行動すべきなのか，またどう行動しているのか。小さなことだけに目を向けていたのでは大きなことは考えられない，と気づかされたのです。

　また，オープンな気持ちになるには自分に対する自信が必要だということ。二人の会話に入るのは私にはなかなか難しく，それは前述の「よく知りよく考える」をしていないし「スケールも小さい」からなのですが，その部分に負い目を感じていることが心を開くことの妨げとなり，本物の笑顔で話をすることを困難にしているのだ，と気がついたのです。

CHAPTER 5　私たちが経験から学んだこと
期待に応えるために必要なチカラ

No.
DATE　　／　　／

　最後に，結局は人間対人間である，ということ。相手が付き合ってくれる
かどうかは，自分が相手にとって付き合うに足るかどうか。上司はたった1
回会っただけで付き合うに足ると相手に認められたからこそ，今回のランチ
が実現できたわけで，これは仕事でも全く同じなのだろうと思ったのです。
私に仕事が来ないのは相手から認められていないからに他ならない。それが
事実なんだと強く認識することになりました。

コンサルタントになってよかった

　コンサルタントは困っている人の役に立ち，会社の役に立っている，とい
う実感を得やすい仕事です。クライアントが悩んでいる内容は，クライアン
トごとに似ている部分はありますが全く同じというのはなく，それこそ千
差万別なので常に新鮮味を感じられます。

　ですが，私がもっともよかったと思っている点はやはり，この仕事は普通
ではなかなか会えない人とお会いし，自分の意見を正直に正面からぶつける
ことができるため，成長できる機会が他の職業よりも本当に多いことです。

　また，クライアントと人間対人間の関係が築けないと，よい仕事ができま
せん。だからこそ，人間対人間の関係をより強く意識するようになり，実際
に多くの人と良い人間関係を構築することができ，さらにはその関係を維持
できていることです。

121

COLUMN 3 私が刺激を受けた座右の書 『修身教授録』

森 信三［著］　致知出版社

本書は，哲学者・教育者である森信三氏が大阪天王寺師範学校（現・大阪教育大学）で，昭和12〜13年に16〜17歳の学生相手に行った修身科の講義録です。

修身と聞くとなにやら古臭く説教じみたことが書いてあるのでは，と思うかもしれませんが，人間誰しも悩む事柄について，これほど頭にも心にもスッと入る形で説いている本はないと私は思います。

たとえば，よく「上司はわかってない」という不満を聞きますが，これには，『修身教授録』の第2部第27講「世の中は正直」が参考になります。この講では，「世の中は一見不公平にできているようだけれども，それは社会の表面だけで判断したり短期的な判断をしたりしているからそう見えているのであって，多面的に自我を捨てて見てみると案外そうではない，そしてそう思ってしまうということは結局自分に自惚れ根性が潜んでいるのだ」と説いています。こういう内容を直視し深く切り込んでいる本が『修身教授録』です。

それからこの本が講義録であることから，読んでいると，森氏がまさに目の前で授業をしているかのような錯覚に陥ります。本文自体が，森氏が講義で発した言葉を正確に記述していることにもよるのでしょうが，森氏が教室に入室し，生徒に礼をし，出席を取って授業を始めるまでの一連の動きを事細かに記載し，さらには授業終了後の退室の様もこれまた丁寧に記述しているので，授業の雰囲気が容易に想像できるのです。

良い師に出会うことは人生の幸せと言いますが，この本は，この本を手に取る者にとって時空を超えた素晴らしい師になってくれると思います。

（久島満洋）

CHAPTER 5　私たちが経験から学んだこと
　　　　　　期待に応えるために必要なチカラ

山田コンサルティンググループ㈱
部長　田中啓之

CHAPTER ▶ 5-2
仕事を通じて学んだ
「人間力」の大切さ

M&Aの買収側のアドバイザーとしての仕事

　コンサルタントの仕事は，日々の座学を通じて専門知識を身につけていくことも当然に必要ですが，プロジェクトを成功に導くためには，専門知識だけではなく「人間力」の高さも重要なポイントです。ここで，私の経験談をご紹介したいと思います。

　ある上場会社が老舗の非上場会社を買収する際に，上場会社から依頼を受け，上場会社のフィナンシャルアドバイザー（FA）として業務を遂行しました。

　この案件におけるFAとしての役割は，買い手にとって最大限の経済的利益をもたらすために，買収スキームの検討から始まり，シナジーの分析，スケジュール管理，課題整理と解決に向けたアドバイス，売り手との交渉に関するサポートなどを行い，買収を成功に導くことです。

　買い手FAの仕事は多岐にわたりますが，なかでも，買い手と売り手との間の買収金額を含む諸条件（買収条件）のすり合わせが最も気を遣うところであり，そこに関するアドバイスがFAの一番の腕の見せ所だと私は考えています。

　紹介するこの案件では，売り手側でFAを起用していなかったため，私たちが買収対象企業の社長に直接お会いして，買い手が重要と考えている買収条件等について説明するという形で進めていきました。ちなみに，この企業の場合，社長が株式を100％保有していたので，社長に納得して頂ければ買収が成立することになります。

　私たちが買収対象企業の社長と直接やり取りを行ったわけですが，社長に

123

とって会社の売却は人生ではじめての経験であることから，精神的にも体力的にもとても大きな負担になったものと考えられます。自分が創業し，長い年月をかけてここまで会社を成長させてきたことを考えると，それを売却するときの気持ちは私たちには想像もつきません。

ここで，ＦＡとして私たちにできることは，売り手である社長に最大限の敬意を払い，買い手の意向を正確に説明して伝えることと，売り手（社長）の意向を正確に把握することです。

この案件を進める過程で，何度も社長にお会いし，お話をさせていただきましたが，買収条件の細かなところで折り合いがつかず，ときには社長から怒鳴られたり，案件がブレイクしそうになったりすることもありました。そのような日は，正直，落ち込むこともありましたが，私自身がこの案件を進めることは買い手と売り手の双方にとってメリットのあることだと確信していたので,「ここで逃げ出してはいけない」と何度も自分を奮い立たせ,社長のもとに足繁く通い，買い手の意向を何度も丁寧に説明し，最終的には買い手の企業と私たちのことを信頼していただき，提示した買収条件について納得して頂くことができました。

そのようなやり取りを経て,買い手と売り手で買収条件がようやくすり合い,株式譲渡契約に押印を頂いた後,売り手の社長から,「自分がこれだけきつかったということは,あなたたちＦＡは自分と買い手との板挟みでもっときつかったでしょう。ありがとう」と一声かけて頂きました。

その一言で，この案件で自分が信じてやってきたことが間違っていなかったことを確信し，とても嬉しく思いました。

仕事を通じた気づき

この案件を通じて，結局のところ，私たちの仕事は「人と人との関係の上に成立しているもの」なので,どのような局面でもコミュニケーションをしっかり取り，買い手と売り手の双方に信頼していただくことがプロジェクトを成功に導く１つの大きな要因だと改めて気づかされました。

124

CHAPTER 5　私たちが経験から学んだこと
期待に応えるために必要なチカラ

No.

DATE　　／　　　／

　また，私は先ほどのようなM＆Aの業務に従事することが多いのですが，この業務はいつ何が起こるかわからないことから，「失意泰然，得意淡然」という言葉を座右の銘として日々の業務にあたっています。

　この言葉は，物事がうまくいかないときであっても必要以上に落胆せず強い心で平常心を保ち，逆に物事がうまくいっているときは増長せず謙虚にいよというものです。特に物事がうまくいかないことが多いM＆A業務では，「失意泰然」の心が重要と考えています。

今後，一流のコンサルタントになるために
自分はどのようにならなければならないか

　活躍している一流のコンサルタントの共通点は，経営者からの信頼がとても厚いことです。では，そのようになるためにはどうすればよいか。まずは身近にいる目標となるコンサルタントを見つけ，その人の考え方や行動を注意深く観察し，自分に取り入れていくことだと思います。その他，経営者が書いた本をたくさん読み，経営者がどのような考え方をしているのかを学ぶのも効果的だと思います。

　いずれにせよ，短い期間で身につくものではなく，日々の小さな努力の積み重ねが重要と考えています。

125

COLUMN 4 私が刺激を受けた座右の書 『自助論』

　本書は、「天は自ら助くる者を助く」という言葉で始まり、歴史上の偉人の名言についてエピソードを交えながら紹介し、幸せな人生を送る（自己実現する）ためには何が重要であるかのヒントを与えてくれる本です。

　キーワードは、勤勉であること、信念を持つこと、忍耐強く続けること、正直であること、感謝することです。

　読むたびにいろいろな気づきを与えてくれる本書ですが、私がはじめてこの本を読んだときは、政治家ディズレーリの「顔を高く上げようとしない若者は、いつしか足もとばかり眺めて生きるようになるだろう。空高く飛ぼうとしない精神は、地べたをはいつくばる運命をたどるだろう」という言葉が印象に残りました。

　これをビジネスの観点で見ると、現状に満足して成長することを止めてしまったら、転落しかないということになります。

　私は自分が怠けているなと感じた時に本書を読み、襟を正すとともに、仕事への活力を養っています。

（田中啓之）

サミュエル・スマイルズ［著］
竹内 均［訳］
三笠書房

CHAPTER 5　私たちが経験から学んだこと
　　　　　　期待に応えるために必要なチカラ

山田コンサルティンググループ㈱　**伊藤裕太**
コンサルタント・宅地建物取引士

CHAPTER ▶ 5-3
人間力を高めるために実践していること

お客様の数だけお悩みがある

　不動産のコンサルタントとして多くのお客様とお会いする機会があります。年齢や性別，家族構成はもちろん，将来的なライフプラン，育ってきた環境，不動産に関する思い入れなどさまざまです。
　お客様とお会いして感じることは，お客様の数だけ（あるいはそれ以上に）お悩みがありますが，誰一人として同じものはないということです。
　たとえば，親から相続された不動産について，有効活用の相談をいただくことがあります。売却すべきか，賃貸すべきか，その場合リフォームをして貸すべきかそのまま貸すべきか，所有していくことでのリスクはどのようなものがあるかなど1つひとつを検証し，提案をします。あるお客様にとっては売却が最適だとしても，別のお客様にとっては賃貸が望ましく，さらには，何もせずにそのままにしておくことが最適というケースもあります。
　コンサルタントとして，不動産の持つ顕在化された問題はもちろん，潜在的な問題点を分析し，問題解決の提案をしていきます。そのためには，当該不動産を取り巻く環境や一般的に不動産を取り巻く環境，不動産市況について，常にアンテナを張り，情報収集を行い，アウトプットすることが重要だと考えています。しかし，これだけではお客様の本質的な悩みや問題を解決できないことも多くあります。

本音で話せる存在になるために

　不動産において，お客様からご相談をいただいた際，最初から本音で話を

していただける人はほとんどいません。

お客様との信頼関係が築き始めたであろう段階で「実は…」とお客様のご希望や本音をお話していただくことが多いように思います。相談された不動産（専門的な知識）以外にも，お客様が気づいていない問題点に気付き，解決のためのお手伝いをすることで，お客様からこの人（コンサルタント）ならと本音を話していただけることになると思います。

そのためには，まずはお客様自身にも興味・関心を持ち，どのようなお悩みがあるか，それはどのようにすれば解決できるのかを常に考えることが必要になります。そして，自分自身を知ってもらうこと，お客様のために何ができるかを正確に伝えることが重要と考えます。個人1人ではできないことも，グループ会社の専門家と連携することで，お客様の悩みを解決できることが多くあり，この点はコンサルタントとして私が意識していることです。

「意識」が変わると「行動」が変わる

以前は自分の関わる（不動産）業界のことに興味が行きがちでしたが，常にこの意識をもつことで，それ以外のことにも興味をもつようになりました。また，たくさんの人と接することができる異業種交流会などにも積極的に参加するようになりました。意識が変わることで行動が変わる1つのキッカケとなりました。また，自分自身が経験したことを，同僚や後輩に伝えることはもちろん，同僚や後輩から学ぶこともたくさんあります。常に謙虚な気持ちを忘れず，お互いが切磋琢磨できるような仲間と一緒に働いていることが，私のビジネス人生においても貴重な財産となっています。

自分自身が成長することで，お客様から要求される水準も上がり，大変なことも増えますが，それ以上にやりがいや達成感を感じることができます。何より，人の役に立てるという喜びを実感できます。

自分の家族や友人が悩んでいるとき，困っているときに自然と手を差し伸べるように，お客様に対しても，そのような対応ができるコンサルタントになれるよう自己研鑽を続けていきます。

COLUMN 5 私が刺激を受けた座右の書 『道をひらく』

この本の中で、特に印象に残った文章を紹介します。

それは、くふうする生活に記載されている一文です。

「同じことを同じままにいくら繰り返しても、そこには何の進歩もない。先例におとなしく従うのもいいが、先例を破る新しい方法をくふうすることの方が大切である。やってみれば、そこに新しいくふうの道もつく。失敗することを恐れるよりも、生活にくふうのないことを恐れた方がいい。」

会社や仕事にも慣れてきて、社会人として心に余裕ができてきた一方、ふと自分のビジネス人生を考えた時に、このまま同じ作業を繰り返していくことが正しいのかと悩んでいた時期に、この一文に出会い感銘を受けました。

自分の業務において、与えられた作業を淡々とこなすのではなく、小さなことでもよいので、改善できる点はないか、工夫できることはないかを考える癖をつけました。結果、業務の効率化ができたこと、そして、毎日に小さな積み重ねにより日々の成長を実感できたことで、仕事に対するモチベーションも高くなりました。

（伊藤裕太）

松下幸之助 [著]
PHP研究所

CHAPTER 6

私たちが経験から学んだこと

我々がやらずして
海外ビジネス支援を
誰がやる！

●本章のテーマ

> 税理士や会計士って，国内向きの仕事ばかりしているんじゃないかっていうイメージも強いよね。

（船山）

> でも，海外ビジネスって大企業だけじゃなくて，中小企業やベンチャー企業にも広がっていて，専門家としてアドバイスを求められることも増えているよ。

（金沢）

> この章では，海外ビジネスをサポートする専門家として，どんなことをしているかをお話しましょう。

（前田）

\ 私たちが
お話します！/

山田コンサルティンググループ㈱　部長
船山竜典
新卒で入社し，事業再生，成長戦略，事業承継やファンド運営等，様々な領域でのコンサルティングに従事。
現在はアメリカにて日米間でのM＆Aを支援。

税理士法人山田&パートナーズ　シニアマネージャー・税理士
金沢東模
銀行の市場金融部門にてJREITの自己勘定投資担当を経て現在に至る。
現在は日本側での海外業務及び企業の資本政策支援業務を行う。

税理士法人山田&パートナーズ　マネージャー・公認会計士
前田章吾
新卒で当法人に入社し，日本で3年間勤務した後，海外に赴任。
現在はベトナムにて会計，税務，M＆Aを中心とした業務を行う。

CHAPTER 6 私たちが経験から学んだこと
我々がやらずして海外ビジネス支援を誰がやる！

山田コンサルティンググループ㈱
部長　**船山竜典**

CHAPTER ▶ 6-1
会計人こそが
一番の支援者になれる！

これからのビジネスでは「海外」を避けて通れない！

　ここ数年、リクルート活動をする20代の方々とお話をすると、必ず「御社の海外事業について教えてください」と質問を受けます。
　そこで、逆に「なぜ海外での事業が必要だと思いますか？」と問いかけてみると、「日本の人口減少」、「アジア諸国の成長・台頭」、「日本にない先端技術の獲得」といった、今後の日本市場を懸念した答えが返ってきます。
　国連（UNITED NATIONS）の報告書「World Population Prospects 2017」によると、日本の人口は2050年までに1億人を割り、約9,703万人まで減少すると予想されています。今後、日本企業が成長を続けるためには、海外での市場獲得が必須の課題となっています。
　事実、ここ5年間で日本企業が海外に保有する拠点数は、中国を除くと6.1%（9,386拠点）増加しており、多くの日本企業が海外の市場に成長のチャンスを求めているのです。20代の皆さんが持つ問題意識は、どんな仕事に就くにしても、海外との関係は必ず直面する課題になってくるでしょう。

海外事業を支援する企業はどんなところ？

　日本企業の海外進出を支援するのは、コンサルティング・会計業界に限りません。
　たとえば、三菱商事や三井物産といった総合商社は、古くから日本企業の海外進出・展開をさまざまな面から支援してきました。また、金融機関や人材紹介・派遣会社、IT事業の会社なども、それぞれの専門領域を中心とし

ながら支援の幅を広げています。

　さらには，中小企業基盤整備機構やJETROのような公的機関も，市場データの提供や現地ネットワークの紹介など，日本企業が進出している多くの国で支援を展開しています。

　日本市場の縮小を睨み，日本企業に対して「支援する側」の企業も，海外事業に対してより力を入れ始めています。

海外事業の支援とは？

　では，そもそも海外事業の支援とは何をするのでしょうか。

　海外事業の支援は，大きく3つのフェーズ（段階）に分けられます。

① 海外市場への進出フェーズ

② 海外市場における拡大・改善フェーズ

③ 海外事業のリストラクチャリング・撤退フェーズ

● 進出フェーズ

　まず，日本の企業が海外に進出するというフェーズでは，進出先の国における市場や競合環境の調査，規制やインフラの把握，現地法人の設立，事業をスタートする段階でのマーケティング支援などを行います。

　進出の手段として，一から法人を設立する場合もありますが，現地外国企業の買収（クロスボーダーM＆A）を選択し，一気に市場の中核に入り込む企業も増加しています。

　ところで，進出フェーズでよく出会うのが「進出国のズレ」です。特に新興国の進出を支援するケースでは，選定する段階で，「なぜ中国ではなくベトナム？」，「なぜアメリカではなくタイ？」というような，疑問を感じる相談を受けます。進出する国における市場全体の規模では，進出で目指す売上の達成は不可能であるようなケースも多いため，このフェーズでは，進出国の選定の段階から投資先の調査・選定から実行までの支援も行います。

134

No.			
DATE		/	/

●拡大・改善フェーズ

　次に，拡大・改善のフェーズでは，事業計画の見直し，マーケティング戦略の策定や市場シェア拡大・製造基盤拡張のためのＭ＆Ａ支援など，事業拡大に向けた支援を行います。また，現地法人が抱える組織上の問題点を解決すべく，財務体質の改善，管理体制や人事制度の見直し，工場内部の現場改善などの支援も行います。

　このフェーズでの支援では，その国における特殊な商慣習や国民性，文化の違いなどが，事業の拡大を阻害していたり，組織上の問題を引き起こす要因になっていたりすることもあります。たとえば，私が中国で経験したケースでは，2月の旧正月の長期休暇後，半分程の工員が帰省したまま会社に戻ってこないというようなことや，互いに給料を見せ合うことを自然に行うため，給与に差をつけないと優秀な方からやめてしまうというような事がありました。このような文化的な背景を押さえずに日本式の人事評価制度をそのまま導入しても，必ずと言ってよいほどうまくいきません。

　このように，海外では日本国内で用いた解決策をそのまま用いることができないケースが多くあります。解決のメソッドを各国の特性・事情に合わせながら，解決の方向性を模索していかなければなりません。

●リストラクチャリング・撤退フェーズ

　海外に進出し，手を尽くしたものの，目標とする成果を出せないという場合もあります。そのようなリストラクチャリング・撤退のフェーズでは，企業の損失をいかに抑え，次の事業展開につなげていけるかを考えていきます。

　海外拠点の再配置の提案・検証，生産拠点や物流拠点の縮小・移転の計画策定，損切りをすべく現地拠点撤退にかかる制度対応や現地での交渉などの支援を行います。

　特に，中国やインドネシアなどの社会主義国から撤退をする場合には，労働者を解雇するために支払う保証金が，交渉の結果，想定の数倍になってしまうことがあります。また，債務超過の状態ではそもそも撤退ができず，追

加の資金投入が必要になることもあります。日本では想定できないようなことが起きるため，できるだけ早期に入念な準備を行う必要があります。

海外事業を支援するのに必要な力とは？

「海外事業」といってもシンプルにいえば，「事業を海外で行う」というだけのことでもあります。支援する側にとっても，基本的には，国内で行っていた課題解決と同様の支援を「海外で行う」ということになります。

とはいえ，海外事業の支援を行うには，言語や海外特有の問題というものも数多く存在するため，支援先の国や地域にかかる知識を持つこと，経験を積むことはとても重要です。

しかし，ベースとなるのは，国内で行う同じ分野の支援に関する知識・経験です。その知識・経験から作り上げられた基準を，各国向けに当てはめていきます。

海外特有の事情だけを知っていても，それを当てはめる基準を持たなければ支援にはなりえません。それは，ビジネスの分野に限らず，税・法律・会計の分野でもまったく同じことがいえます。

海外事業を支援する力をつけるためには，日本で培うビジネスや専門分野の知識・経験の習得，力を貸してくれる国内でのネットワーク構築が不可欠なのです。

海外の専門家との連携には，
会計人の手助けが大いに力を発揮する！

私は現在，アメリカに赴任しています。こちらに来て，まず面食らったのは，会社のプレゼンテーションをした後に「で，あなたのバックグラウンドは？　あなたの専門は？」と必ず聞かれることでした。

それに対して，たとえば「なんでもやれます！」というような受け答えをすると，キョトンとした顔をされます。日本でも同様の質問を受けることはもちろんありましたが，答えとして「幅広く対応可能です」というような答

えをすると，「そんなに幅広いのですね」という反応が多かったように思います。

　海外の事業，少なくともアメリカでは「餅は餅屋」ということが大前提になっていて，「なんでもできます！　なんでもやります!!」というのは「何もできない人」というように映るようです。アドバイザーを名乗る以上，「何か」の専門家であることを常に求められるので，結果としてアメリカでは専門家が「縦割り」に存在する結果になっているのでしょう。支援をしてほしい企業側からすると，企業自身が課題を認識し，各分野の専門家に相談を持ちかけることが必要になります。

　一方で，中堅・中小企業のお客様の多くは，「この専門家に頼めば解決できる」というぐらいに課題が明確になっていたり，シンプルな課題だったりすることは多くありません。「誰に何を頼めばよいのか」という点をクリアにせぬまま，海外で専門家を雇ってしまうと，まったく期待と異なるサービスを提供されることが多いです。

　それどころか，時には専門家と名乗る人間に騙されてしまうこともしばしばあります。中堅・中小企業の支援をするにあたっては，「餅でよいのか」，「はたまた蕎麦がよいのか」を選択する段階，すなわち課題を明確にし，整理する段階のアドバイザーが非常に重要になります。

　そして，この課題を整理し提起する役割の一番の担い手は，顧問税理士・会計士なのです。

税理士・会計士は「国内向き」の仕事？

　税・会計・財務に関わる領域で仕事をしていると，この仕事は「国内向き」どころか，自分で顧客を持つことになれば海外の事業に関わることは「必ずある仕事」といって差し支えないと思います。

　輸出入も含めれば，事業をやっていて海外に関わっていない顧客を探す方が難しいぐらいですし，個人の顧客が資産運用を検討するにあたり，海外の債券や株式が組み込まれている信託の金融商品が選択肢に入らないことはないと思います。

137

ただし，顧客が海外の事業に困っていると，必ず顧問の税理士・会計士に相談をするのか，というとそれも違います。私が海外事業の支援を新規の顧客に対して行う場合，私はコンサルタントとして金融機関から紹介を受けることが多く，顧問の方からご相談やご紹介を頂くことは多くありません。我々が紹介されるまたは直接お問い合わせをいただくようなケースでは，ほとんどの場合で過去には顧問にも相談はしていたがその後はしなくなった，という状態になっているケースが多いようです。私が経験した事例でも，海外拠点を決断せざるを得なくなるほど厳しい状況に陥っている会社でさえ，ここ数年は海外拠点の話題をまったく挙げることがなくなっていたようなケースもありました。

　一方，ここまでの章でも述べられてきたとおり，税理士・会計士として顧客と関わりを持つ場合，毎月定期的に顧客の状況を分析・報告し，さらに踏み込んだ分析を加えようと思えば，顧客は喜んで情報を提供してくれる関係性にあります。いつでも顧客の抱える問題を提起し，具体的な提案をすることが可能なのです。

　税理士・会計士は国内向きの仕事をやっているイメージがある，といわれることがありますが，仕事自体が「国内向き」なのではなく，自ら「国内向き」に限定していることが多い，という捉え方が正しいのだと思います。

　この領域で仕事をしていれば，必ず顧客の抱える海外の課題に直面します。その際，見て見ぬ振りをするのか，積極的に解決しようと乗り出すのかによって，自分の仕事が「国内向き」になるのか「グローバル」になるのかが変わるのです。

「何かをやるリスク」ではなく，「何かをやらないリスク」を指摘できる会計業界へ

　私が現在アメリカでお世話になっている，元会計士でアメリカでのビジネス支援を60年近く手がけている先生が，「今の日本企業は『何かをやるリスク』ではなく，『何かをやらないリスク』に目を向けなければならない」という

お話をよくされています。

「何かをやらないリスク」というものは，今は問題ないが，長期の時間軸で見ると課題となるリスクであるため，頭ではわかっても行動に移すことはとても難しいです。私自身も，長期的に起こるであろうという例え話を挙げながら，海外進出の提案を顧客に向けて行っていますが，「何かをやらないリスク」だけを語って顧客を動かすことは容易ではありません。

しかし，「いつ」ということを正確に言えないだけで，長期的にみれば多くの日本企業が，何もしなかったことで引き起こる問題に必ず直面することになります。

その長期的には必ず起こる問題を棚上げせずに，いかに「今の問題」に据え置くことができるか。その手助けを行える最有力候補が，常に顧客のそばで支援をしている会計業界の私たちなのだと思います。

今まで，我々会計人は，顧客が海外進出を決めた後に，海外事業の支援をしていました。今度は，長期的な展望を見据えて，海外事業の舞台に向け，日本企業の背中を強く押せる存在になれるか。これが今後の日本企業が海外の市場を獲得しながら成長を続けられるための，1つの大きな鍵になるのだと強い思いを持ち，私はアメリカから日本に向けて発信を続けています。

今の会計業界は，日本企業の後方ではなく，共に「最前線」で真価を問われている業界の1つなのだと感じています。

税理士法人山田&パートナーズ
シニアマネージャー・税理士

金沢東模

CHAPTER ▶ **6-2**

海外ビジネスは
日本から動く！

海外ビジネス支援は"日本側での役割"が重要

●困っているのは日本親会社

　会計人の海外ビジネス支援（コンサルティング）と聞くと，「海外現地で働く姿」を思い浮かべる方が多いのではないでしょうか。日系の会計事務所やコンサルティングファームは，日系企業を主なお客様としているので，日系企業の現地子会社や海外進出を現地で支援する仕事がイメージしやすいのだと思います。

　ところが，一般的に日系企業の海外ビジネスは日本国内での検討から始まります。たとえば，「現地子会社をどうするか」や，「海外進出をどう実現していくか」といった意思決定は，日系企業の現地が行うのではなく，日本に所在するその日系企業の日本親会社が行います。

　つまり，会計人の海外ビジネス支援は，悩みを抱えている日系企業の日本親会社に対して，日本親会社が合理的な意思決定をできるように行う，私たち会計人の"日本側での役割"が第一義的にとても重要なのです。

●日本側での役割

　会計人の海外ビジネス支援においては，"日本側での役割"としてプロジェクトマネジメント機能が重要です。プロジェクトは一般的に次のように進行します。

　① 我々が日本親会社の課題を発見・把握し，現状分析を行う。
　② 我々から日本親会社の課題に対して何をどうすべきか提案を行う。

③ 日本親会社が採用した提案について，日本親会社と我々で計画の策定
を行う。

④ 策定した計画に基づき，我々が日本および現地にて実行支援を行う。

この一連の流れにより，お客様が満足する実行完了にたどり着くには，多
くの関係者（日本親会社，その現地法人，日本側のプロジェクトメンバー，現地のプロ
ジェクトメンバー，外部専門家，顧問会計事務所，政府機関，金融機関等）の役割，品
質，スケジュールを管理し，指揮を行うプロジェクトマネジメント機能がう
まく発揮されていることが必要です。

● **中国からの撤退──クレームからの気づき**

中国に製造子会社をもつ日本親会社が，中国子会社の赤字続きの状態をメ
インバンクに相談し，メインバンクから我々にその日本親会社をご紹介いた
だいた例を振り返ってみます。

我々はその日本親会社と討議し，その中国子会社のビジネスと財務状況を
把握・分析し，中国子会社の売却なども検討したうえで，その中国子会社を
清算により撤退させることを提案しました。

その提案を日本親会社に採用いただき，最終的にはご依頼いただいた日本
親会社に満足いただける実行完了までたどりついたのですが，プロジェクト
開始の初期に我々は，日本親会社からお叱りをいただきました。

その理由は，まさに"日本側での役割"であるプロジェクトマネジメント
機能の不足によるものでした。中国現地の法務を担当するプロジェクトメン
バーとして，中国現地の弁護士を我々から日本親会社に紹介し，採用してい
ただいていました。

プロジェクトが進み，日本親会社に対する経過報告会で，中国現地の弁護
士からされた報告は，日本親会社も我々も「え？　何でこんなことになって
いるのか??」と思ってしまうピントのズレた報告で，とても日本親会社が合
理的な意思決定をするのに有用な報告ではありませんでした。

そのような報告となったのは，「日系企業の中国からの撤退に精通してい

る現地の弁護士であるので，任せておけば大丈夫だろう。我々内部のメンバーではなく，我々とは別の外部の専門家であるので，うまくいかないときの責任はその外部の専門家にある。」という，我々の短絡的な考えが原因でした。そのため，我々とその弁護士のコミュニケーションが不足しており，また事前のすり合わせも十分にしていませんでした。

この事件をきっかけに，私は"日本側での役割"であるプロジェクトマネジメント機能の重要性に気づき，海外ビジネスに関わらずその後の私の仕事に活かされています。

会計人としての社会的責任

● 企業の海外展開のハードルが高くなってしまう一因は会計人にあり

大企業のほとんどは海外ビジネスに関するノウハウ，人的資源を社内に持ち，かつ，通常世界中にメンバーファームを持つ会計事務所との関係があります。

一方，中堅・中小企業の場合はそうではありません。中堅・中小企業に対するアンケート調査（中小企業庁委託「中小企業の成長と投資行動に関するアンケート調査」, 2015年12月, 帝国データバンク）では，海外展開を重要視しているものの，海外展開を行っていない理由は，「国際業務の知識・情報・ノウハウがない」との回答がもっとも多く，次いで「国際業務に対応できる人材を確保できない」との回答になっています。

また，中堅・中小企業の顧問会計事務所は，各国に連携できる会計事務所がない，あるいは，少し知っている現地の専門家はいるけど，という状態がほとんどです。ですから，お客様の海外ビジネスに関して，面倒なことに巻き込まれたくないので，積極的に関わらないようにしている顧問会計事務所が多いのではないでしょうか。この点で中堅・中小企業が海外への展開を断念してしまうのは，我々会計人にも責任があると感じています。

中堅・中小企業の経営者とお話をさせていただくと，「海外への展開が自社にとって必要であると考えていても，まだまだ海外へ展開するレベルに達していないと考えているので断念した」という話をよく聞きます。良い技術，

良いノウハウを有する企業が成長機会をあきらめ，海外の企業に抜かれ，取り残されていくことは残念でなりません。

● 我々がやらずして誰がやる！

中堅・中小企業経営者の一番の相談相手は会計人であるので，会計人の行動として関わらないようにするとか，単に知人の海外現地専門家を紹介してそれで終わるのではなく，会計人が経営者と一緒に考え，プロジェクトマネジメント機能を発揮し，その中堅・中小企業および現地の専門家と一緒になって海外にチャレンジしていくべきと考えます。これは中堅・中小企業の相談相手である我々会計人の社会的責任ではないでしょうか。

私自身が理系出身ということもあって，私が会計人を志した思いは，「技術力のある日本の中堅・中小企業の成長の一助となりたい」というものです。この思いは，私が銀行に入行するときにも，現職になったときにも，面接官に伝えた根っこの思想で自身を動かす原動力でした。海外ビジネス支援は私にとって，その思いを実現できる刺激的な仕事です。

税理士法人山田&パートナーズ
マネージャー・公認会計士　**前田章吾**

CHAPTER ▶ 6-3
海外で働く!

海外で働くこととなった理由

　私は入社4年目にベトナムに赴任しました。2013年，私が26歳のときです。きっかけは事務所代表からの「海外で働いてみないか」という提案でした。

　仕事における英語の重要性は意識していたので，会社に入る前から英語を自主的に勉強していました。しかし，私自身が海外で働くイメージは全く持っていなかったため，代表からの提案には驚きました。

　実を言うと，海外勤務の提案を受けたとき，漠然ながらも30歳で日本国内で個人会計事務所を独立開業することを考えていました。日本から離れてしまうと，日本国内における会計税務の経験値を上げることが困難となります。当時の年齢は26歳であり，一度海外に出ると30歳での独立開業はできなくなるだろうと判断しました。

　そういう状況でしたので提案を受けたその場で即答できず，お盆休みに入る時期であったため，休み明けに回答させてもらいたいと伝えました。そして，上司や先輩，両親にも相談し，長い時間をかけて悩みました。

　海外で働くことを決断した理由は，自分のビジネス人生における大きな武器を，海外で働きながら手に入れたいと考えたからです。事務所に入社してから2年が経過し，「これだけは誰にも負けない」という得意分野を持ちたいと考えていましたが，具体的なビジョンを描けずにいました。この好機を捉え，「海外」や「国際」の分野で誰にも負けない会計人になろう。そう決意した途端に，海外で働くことが待ち遠しくなりました。

積極的なコミュニケーションの重要性

　ベトナムに赴任し，最初の１年間は現地の会計事務所に籍を置かせてもらいました。ベトナム全体で200名強のスタッフが在籍し，会計監査や資産評価を得意とする事務所です。

　オフィスは監査，資産評価や税務などの部署に分かれていましたが，私はいずれかの部署に配属されたわけではありませんでした。私の机が置いてあるのは20㎡程度の広さの部屋。英語での会話が可能なスタッフが１名私の横に座る，２人だけの執務スペースでした。

　最初の１週間は用意してもらった机に向かって作業をしていましたが，同じ部屋にいるスタッフ以外と話をする機会がほとんどありません。他の部署のスタッフとすれ違うときにお互いに笑顔で挨拶をすることはありましたが，会話をするまでには至っていませんでした。

　そこで次の週から，せっかく用意してもらった自分の机ではなく，大勢が仕事をしている執務室の空きスペースを見つけて，他のスタッフと一緒に仕事をするようにしました。

　スタッフのほとんどは英語を話せませんでしたが　言葉が通じなくても身振り手振りで伝わる部分が多くありました。そして，変化はすぐに訪れました。３日と経たないうちに，気軽に肩をポンと叩いて話しかけてくれたり，休み時間にお菓子をくれたりするようになりました。ベトナム語を教えてもらい，英語が流暢なベトナム人スタッフを交えてさまざまな話をしました。

　現地事務所で働き始めてから１ヵ月後，仕事が終わった後にテニスやサッカーをし，休日に一緒に出かける仲にまでなっていました。積極的にコミュニケーションを図ることは日本でも大切ですが，日本人が海外で働くうえでは一層重要であると身を持って知りました。

　日本人１人でベトナムに赴任し，現地の会計事務所で仕事をすることとなった私にとって，このような仲間の存在が心の大きな支えになったことは言うまでもありません。

机の前でじっとしていたら得られなかった経験，人とのつながり

　ベトナムに来て最初に取りかかったことは，現地の税法の確認でした。幸いなことに主な法令については参考英訳を入手でき，現地の言葉がわからない私でも内容を確認することができました。

　英訳された条文を読み進めていきますが，ベトナムの税法は日本と比べると曖昧，不明瞭であり，法令をチェックしても内容を明確に理解できません。また，細則が定められた法令には英訳を入手できないものも多くあり，税法の確認には苦戦を強いられました。

　そのようなときに私を助けてくれたのが，同じスペースで仕事をしているベトナム人の同僚でした。快く内容を説明してくれるだけではなく，法令には記載されていない実務上の取扱いも教えてくれました。税法のほか，会社法や労働法などさまざまな法律の内容を確認していきましたが，壁に突き当たるたびに同僚の助けを借り，一歩，もう一歩と進んでいきました。

　こうして現地事務所で働いた1年間はあっという間に過ぎてしまいました。1年の間にもう少しできたことがあったかもしれませんが，少なくとも与えられた机の前でじっとしていたら，このような知識の蓄積はできなかったと思います。現地事務所の代表や同僚とは，一緒に昼食をとるなど今も交流を続けています。

自分自身で経験してみる

　海外に赴任してから1年が経過した2014年，私が勤務する山田＆パートナーズが，ベトナムの首都ハノイに新しく会計事務所を設立することを決定しました。

　コンサルティング会社に現地オフィスの設立手続きをお願いするという選択肢もありましたが，会社設立の流れを自分自身で経験しておきたかったため，外部コンサルティング会社の力は借りずに自ら対応するという決断をしました。

　書類のベトナム語への翻訳は外部に依頼しましたが，それ以外の書類作成

や法令確認は自身で行い，ベトナムへの投資を管轄する政府機関にも足を運んで直接話をしました。必要な書類の数も多く設立申請には苦労しましたが，準備開始から5ヵ月後の2014年8月にベトナムオフィスの設立が完了しました。

　設立手続きと同じ理由で，私の労働許可申請や個人所得税の申告も自分自身で行いました。その結果，それぞれの手続きに必要な書類や手続きの流れを理解することができました。

周りの人の支えへの感謝

　現地オフィスの設立は完了しましたが，設立してから5ヵ月間で対応した案件は1件のみ。しかも，内容は日本の個人所得税に関する調査レポートの作成です。ベトナムの会計や税務とは全く関係がありません。「この先，全く仕事がなかったらどうしよう」と不安な気持ちでいっぱいだったことを今でも覚えています。

　2015年に入り，ベトナムの会計や税務に関する仕事を受ける機会は少し増えました。とはいっても，そこまで多くはなく，つらい時期が続きました。

　日本とベトナムのそれぞれでたくさんの人に支えてもらっていなかったら，このような時期を乗り越えることはできなかったと思います。時には「元気か？」と声をかけてもらい，時には互いの将来を語り合い，時には仕事を忘れて一緒に思いっきり笑いました。

　周りの人に支えられ，心を奮い立たせ足を踏ん張っていると，案件に関する相談が増えてきました。ベトナム赴任から2年半が経過しようとしていたときです。その後，ベトナムで事業を展開している企業のお手伝いをする機会が増えることに伴い，仕事のやりがいも大きなものとなっていきました。

海外での仕事を通じて思うこと

　現在，日本企業の多くが海外に現地法人や支店を有し，海外の企業と取引をしています。これらの企業が海外で事業を展開していくうえで，現地国の会計や税務を理解することは欠かせません。この点から企業は現地の会計税

務に長けている専門家を求めており，我々の事務所にも多くの相談が寄せられています。

　しかし，そのような企業のニーズに十分に応えることができる日本人専門家はまだまだ少ないのではないかと思います。日本企業が海外での事業展開を成功させるためには，より多くの会計人が海外で活躍し企業を支援する必要があります。

　私が海外に赴任してから5年が経過しました。ベトナムやその他の国の仕事を行うことで視野が大きく広がり，海外で仕事をすることができてよかったと思っています。

　道半ばですが，「海外」や「国際」の分野で誰にも負けない会計人になろう，という気持ちは変わっていません。これから先30年以上のビジネス人生が残っていますが，「海外」や「国際」はこの先も私の仕事の中心にあり続けると思います。

CHAPTER **7**

会計業界の「働き方」

● 本章のテーマ

会計業界で働くことにどんなイメージを持っている人が多いんだろうね。激務で、子育てしながらなんて働けないって思う女性もいるのかな。

篠塚

最近は、ワークライフバランスの意識も高まってきているから、働き方の選択肢は広がっているよね。この章ではそんなお話をしましょう。私の経験談もお話しします！

田場

＼私たちが／
 お話します！

税理士法人山田＆パートナーズ　マネージャー・税理士
田場万優
事業会社勤務を経て税理士資格を取得し現在に至る。
国際相続・資産税など個人の相続対策や資産承継を中心としたクロスボーダー業務を行う。

優成監査法人　パートナー・公認会計士
篠塚伸一
土木設計コンサル、居酒屋店長を経て、公認会計士となり、監査法人のパートナーとなる。監査業務と並行して、メンバー約30名の部門運営に携わる。

CHAPTER 7　会計業界の「働き方」

CHAPTER ▶ 7-1
会計業界における
ワークライフバランス

▶ ワークライフバランスは経営上の最重要課題！

　「会計業界のワークライフバランス」といったときに，皆さんはどのようなイメージを描くでしょうか。

　どちらかというと，多少自分の生活を犠牲にしても，仕事に没頭する人が多いため，少しブラックなイメージを持っている方もいるかもしれません。この点については，以下のような背景があると考えています。

　会計業界，なかでも監査法人を中心とした会計士の業界では，ここ十数年の間に，誰もが知っている大企業の粉飾決算の事件を何度か経験しました。このことは，財務情報の信頼性を担保する責任を負う監査法人，公認会計士にとって，非常に残念な出来事でした。

　私たちは，これらの苦い経験を真摯に受け止めて，「もうこれ以上は，不正，粉飾決算を見逃さないぞ!!」という強い使命感をもっています。

　そのため，会計監査の基準は，毎年，さまざまな分野にわたって改訂・新設が行われています。監査業務の品質に対する要求水準は，十数年前に比べると，はるかに高くなり，1社1社の監査業務に係る時間は，大きく増加しました。

　また，会計監査を希望するお客様の数や領域は，拡大傾向にあります。たとえば，新規上場（IPO）を目指そうというベンチャー企業は，どんどん増えていますし，公会計の分野では，医療法人や社会福祉法人などに対して，新たに監査（法定監査）が義務づけられています。

　一方で，ここ数年は，公認会計士試験の受験者数が減少しており，監査法人の求人者数に対して，公認会計士試験合格者が不足する状況が続いています。このように，仕事の質，量に対する要求水準は高まっているけれども，担い手は増えていないというのが，監査法人業界の現状です。

　そんな状況ですから，ワークライフバランスを改善しようといっても，な

151

かなか難しい環境があり，一筋縄では解決できない困難な課題だと思います。しかし，困難だからといって，この課題を放置したままでは，当然いけません。ワークライフバランスの改善・充実は，経営上の最重要課題の1つと捉えています。

　つまり，監査品質の確保・向上とワークライフバランスの充実といったベクトルの向きの異なる2つの課題に，同時に対応していく必要があると考えています。

▶ 多様な働き方を受容する柔軟性

　ただやみくもに，ワークライフバランスをよくしようといっても，そもそも両者の最適なバランスは，1人ひとり異なっていて，また，1人の人間で見た時も，年齢やライフステージの状況によって，変化するものだと思います。したがって，会社としては，1人ひとりと向き合って，それぞれに合った働き方を受け入れる柔軟性が必要になると考えています。

　この点，会計業界は一般の事業会社に比べると柔軟性があるといえるでしょう。少なくとも，筆者の勤める監査法人では，多様な働き方を受容する組織風土があります。

　たとえば，女性の産休・育休は当然のことですが，男性も違和感なく，育休を取ることができています。子どもが小さい間は，時短勤務を選択することや残業なしとすることもよくあります。

　また，自分のスキルアップのために試験勉強に専念したい，海外留学をしたいといったニーズにも極力応えており，長期休暇（3〜4週間）を取ることもできます。

　こういったことを可能としている要因には，大きく3つがあります。

　まず，繁忙期と閑散期が明確であることです。たとえば監査法人は，クライアントの決算の適正性を証明することを主たる業務としており，上場会社の場合は，四半期含めて年4回の決算があります。決算を締める期間（2〜3週間）は，繁忙を極めるわけですが，逆にいうと，それ以外の期間は比較的，スケジュールの融通がつきます。閑散期にまとまった有給休暇をとって，海外旅行（1週間程度）に行くメンバーは大勢います。

152

CHAPTER 7 会計業界の「働き方」

　次に，プロフェッショナル集団であることです。監査法人は，公認会計士の集まりです。公認会計士は，各々が一定以上の専門的な知識，経験，スキルをもっているので，難易度の高い専門的な業務であっても，比較的，引継ぎや代替が効きやすいということがあります。

　さらに，助け合う組織風土・チームワークがあることです。監査業務は複数名のチーム単位で動きます。クライアント先で監査の仕事をしている期間は，チーム内のメンバー同士が業務の進捗状況を共有するので，たとえば，「子どもが熱を出した」といった急なアクシデントがあった場合も，他のメンバーがその人の業務をカバーすることができます。

　また，常日頃からメンバー同士がコミュニケーションをとりやすい雰囲気を作って，プライベートのことも含めてお互いのことを理解し合っていて，信頼関係を作るように心がけています。

153

CHAPTER ▶ 7-2
会計業界で働くということ
〜10年後を見据えて〜

▶ 自分のライフスタイルに合わせて働き方を選択できる！

　会計業界での職種や仕事の内容はさまざまですから，働く私たちは自分の
ライフスタイルに合わせた働き方を選択できるようになってきました。"瞬
間風速的な働き方が必要な業務"に携わるのか，"じっくり時間をかけて行
う業務"に携わるのかを選択することで，働き方を変えることができるのです。

　たとえば税理士業界でいうと，法人対応業務，特に上場会社対応やM&A
に際してのデューデリジェンス業務，バリュエーション業務などは期限や納
期がタイトで一定期間にギュッと詰めて業務をする必要があります。法人で
あるクライアントの意思決定のスピードに対応しなければならないため，必
然的に業務着手から納期までの時期がタイトになるからで，この期間は残業
をしてでも納期を守る必要があります。

　これに対して，たとえば個人の相続税申告や相続対策コンサルティングな
どは，業務完了までの期間が長くなることもしばしばです。相続税申告は申
告期限が相続発生日から10カ月ですし，相続対策や財産承継コンサルティ
ングもお客様との信頼関係を築きながらじっくりと時間をかけて取り組む必
要があります。このような業務は，短期間に残業をして仕上げるのではなく
ても，通常の勤務時間内でやりくりして業務を完了させることが可能です。

　少し話がそれますが，個人対応業務はお客様のプライベートに立ち入るの
で，女性税理士が訪問すると，「女性の方でよかったわ」と，お客様が安心
されることも珍しくありません。個人対応業務は瞬発力というより，持続力
を要し，どちらかというと女性が向いているなぁと感じる場面も多くあります。

　このようにさまざまな業務があるということは，自分のライフスタイルに
合わせて携わる業務を変えていくことが可能となります。ビジネス人生は長
いので，職業選択においてさまざまな業務に携わることができる点は，会計
業界を選択する際のメリットといえるでしょう。

CHAPTER 7 会計業界の「働き方」

▶ 会計業界における「働き方改革」の波

　このように会計業界においても働くメンバーのライフスタイルに合わせて働き方に強弱・濃淡をつけて長く働き続けることが可能となってきました。ただし，はっきりいうと，これは十数年前の会計業界では実現できていなかったことです。業務の種類が多岐にわたる点は昔から変わらないのですが，職種（職域）や働き方に濃淡をつけ，組織が働くメンバーのライフスタイルを考慮する環境になってきたのはここ数年のことです。

　この変化は社会的環境によるものが大きいといえます。すなわち，ここ数年は「働き方改革」を強く進めるという動きがあり，政府や官庁による数値目標の設定や指導があるなか，会計業界もこの動きを無視できなくなってきたこと，ITなど技術革新がこの動きを後押しし，そして働く私たちの意識の変化もあいまって，大手の会計事務所や税理士法人でも他の業種と同じように働き方の見直しを進めています。

　これからはさらに日本の労働人口の減少により，会計業界でも従業員の雇用の継続が大きな課題となるので，これまでのように離職率の高い業種では組織を維持できなくなる可能性があります。もちろんパートナーをはじめとした管理職は，このことを強く意識して，働き方改革を進めているのがここ数年の動きです。

▶ 会計業界の10年後

　当然ですが，どのような人も年を重ねますので，現在50代の人は10年後に60代に，40代は50代に，30代は40代に，20代は30代になっています。そうすると，現在の20代30代は，30代40代と，まさに子育てと仕事の両立を迫られる世代になります。また，現在の40代以上の人々は，10年後，人によっては子育てに加えて介護も必要な状況に突入しているかもしれませんし，"バリバリ"仕事世代にとっては，同時に家庭での役割も大きなウエートを占めることが想定されます。

　また，これまでは，勤務していない女性たちが家庭での子育て介護の役を引き受けていましたが，今後は女性も働く人が増えてくると予想されますの

155

で（そうしないと労働人口が不足しますので），家庭と仕事を両立しなければならない人口は確実に増加します。会計業界についていえば，残念ながら会計士や税理士を目指す若者が減っています。その正確な理由はわかりませんが，資格を取らなくても就職に際して引く手あまたであるから，資格取得を目指さないのだとも言われています。そうすると，AI（人工知能）が発達するとはいえ，業界における労働人口を維持することも難しくなるかもしれません。

このような状況の中，働くメンバーがワークとライフを両立できない環境にある会計事務所は生き残れない可能性があります。そのためまさに今5年後10年後を見据えて，必死で改革を進めているところです。

会計業界における「働き方改革」について，会計業界に限ったことではないかもしれませんが，重要なことは，組織の意思決定の場にいるメンバーを多様にすることだと考えます。たとえば家庭的な事情がある人が「この人は勤務時間が短い人だから」という理由で，組織の意思決定の場に参加できないとすれば，そのような渦中にあるメンバーの実態はなかなか改革の内容に反映されないことになります。それでは実行可能な計画策定には至りません。

ただ一方で，特に会計業界についていえば，勤務時間に制限なく勤務時間が長いことを気にしないで働けるメンバーにある意味頼らざるをえないような"瞬間風速的な業務"が少なからずあるのも事実なのです。そして，このようなメンバーは日々残業時間制限と戦っています。

前者と後者という両極端にあるようなメンバーも含めて，全メンバーがモチベーションを強く持ち，"楽しく"働くことができる職場をつくること，どんなメンバーも仕事に対する充実感と達成感を持って働き続けられる組織の仕組みづくりが，今後の会計業界での生き残りを（そして，ひょっとすると会計業界自体の生き残りを）左右すると考えます。

現在は，残業時間の上限を設ける，女性の管理職に占める割合について数値目標を設定する，職種や職域を多様化するなど，個々人のライフスタイルに合わせた働き方を可能にする施策を作り，実行しています。

この改革の勢いは強くなる一方です。そして何はともあれ現在この業界で働いている私たちが決して諦めることなくよりよい環境づくりを目指して日々努力していきますので，10年後の会計業界はとても明るい業界であるに違いありません。

CHAPTER 7　会計業界の「働き方」

COLUMN ❻ 働きながら子育てをする人も増えています！

税理士法人
山田＆パートナーズ
マネージャー・税理士
田場万優

子育てをしながら会計業界で働くということ

● 仕事と子育ての両立生活，9年間を振り返って

　個人的なことで恐縮ですが，私のこれまでの仕事と子育ての両立生活を紹介します。

　13年前に税理士法人山田＆パートナーズに就職しました。3年目を過ぎたころに1人目の子どもを授かり，約1年の産休・育休を取得，その後復職しました。

　その3年後くらいに，2人目の子どもを授かって産休・育休に入り，このときは，産後5カ月ほどで復職しました。そして，さらにその2年後に，もう1人欲しいと思っていたら念願がかなって3人目の子どもを授かり，三度目の産休・育休を取得しました。そして，産後7カ月の時に復職して現在に至ります。一番上の長女が9歳になりましたので，この事務所での勤務の半分以上は，子育てをしながら過ごしてきたことになります。

　振り返ってとにかく思うことは，子どもが欲しくても授からなくて苦しんでいらっしゃる方がたくさんいらっしゃる中で，私は3人の子どもに恵まれて無事出産できたこと，そして，同じ会計事務所にいながら3回もの育休・産休を取得しなお動き続けることができていること　これは，本当に私が恵まれた環境にあるとしかいいようがありません。感謝の気持ちでいっぱいです。

● 仕事をやめようと思ったことは何度もあった

　正直にいうと，特に最初の産休・育休から復職した時の1，2年間はとてもつらい日々で，今思い出しても涙が出そうなほどでした。

　復職はしましたが，細かい税務や業務内容をさっぱりと忘れていた自分に茫然としました。以前のように思うように業務をこなせないのに，保育園のお迎え時間が決まっているので，残業はできず，焦るばかり。

　一方で，保育園生活で子どもはよく病気にかかり，保育園からの

157

呼び出しや子供の病気による有給休暇（有休はすぐになくなり欠勤でした）が多く，まったく仕事になりません。出勤している日も，常に「明日はこどもの病気で出社できないかもしれない」という恐怖にかられていました。

　家庭でも，「時短をしているなら家事は君がするべきでしょう」と夫に言いわたされる始末（もっとも今では，当時のことが信じられないくらい，協力的な夫ですが）。休日には，疲れ果てて，自分を見失いかけ，小さな子どもを抱いて家を飛び出したこともあります。（でも，行くあてはなくて，結局自宅に戻りました。）

　そして最も気に病んだのが，「子どもを預けている自分はひどい母親ではないのか？」というお決まりの専業主婦信奉。現在は「子どもにとっては，私が一日中向き合っているより，保育園で遊べる生活のほうがよい」，「もっと子どもに会いたいと思うからこそ，子どもと過ごす限られた時間が充実したものとなるのだ」と心から思っているので，今となっては信じられ

ない悩みごとでした。

　また，辞めたいと思った当時は，「この業界だから働きづらいのだ」と，よく思ったものでしたが，同じような子育て中の働くママとたくさん知り合い，実はどの業界で働いていても程度の差はあれ，子育て中のママの悩みは同じであることを知りました。であれば，自分が働く業界を替えるのではなく，「何とか今の状況でやりくりしなければならない」と考えるようになりました。

● **試行錯誤したあと気がついた感謝の気持ち**

　仕事については，私にしかできないことは何か。つまり，自分がこの職場で，この仕事で必要とされるためには，どう動くべきか。何を身につけるべきか。いかに短時間で効率的に業務をこなし，かつ成果を上げるか。

　また，プライベートについても，子どもの病気にどう対処するか。家事をどうこなすか。そして，子どもたちの将来をどう考えて，どう育てていくべきか。家事はどう

CHAPTER 7　会計業界の「働き方」

COLUMN ⑥

効率化するか。

　「ああでもない，こうでもない」と常に頭を働かせ，トライしてきました。そして，今でも試行錯誤中です。ただ，現時点で気がついたことは，自分1人ではできることが本当に限られているため，周りの人にたくさん助けてもらう必要があるということです。

　このことに気づいたときには，「人にたくさん助けてもらっているから今の自分や環境があるのだなぁ，ありがたいことだなぁ」という感謝の気持ちを持つようになりました。そうであれば，多くの人に助けてもらいながら，そのことに感謝しながら続けるしかない。それでよいのだと思うのです。

● 日々のモチベーションはどこにあるのか

　このようななかで，何をモチベーションに続けてこられたのか。振り返って考えてみて，ただ，単純に「何もあきらめたくない」という思いのみでした。

　もちろん，働かなければ生活できない，という目的がありま

す。ですが，単に生活のためではなく，「自分が生きていくうえで，自分にできる精一杯のことをしたい。だから，何もあきらめる必要はないのではないか」と，ずっと思ってきました。そうして，辛いときにはとにかく「継続は力なり。継続は力なり」と自分に言って聞かせてきたように思います。

　私の入所当時，私より先に子どもを産んで復職された女性パートナーがいたのですが，その方に対して，事務所の代表は「子どもは2人でも3人でも生んでくれて構わないし，そして働き続けてほしい」と伝えていました。その言葉をずっと私は本気にして，記憶していたのでした。

子育てをしながらの キャリアプランをどう考えるか

● 会計業界だから特に大変なことはあるのか

① 業界で働く人の男女比

　学生の時に，会計業界を自分の仕事として選択した大きな理由は，「手に職をつけておけば，結婚しても子どもがいても働ける」とい

う点にありました。

　ところが，新卒で入社した一般企業から，いざ会計業界に転職してみると，なんと男性社会。10年前は男女比率がほぼ8：2でした。現在は3割強が女性ですが，それでも男性が依然として多い社会です。当然，仕事と家庭の両立を考えなければならない人の割合も，全体からみると少なくなります。

　昨今の世の中の流れからすると，この状況はここ数年間でもっと大きく変わるかと思いますが，とはいえ子育てママは今も少数派のままです。

② 仕事の内容

　私たちの職業の「事業のバランスシートの資産の部」には，ほぼ「人」しか記載されない，労働集約型職業です。つまり，人が手を動かして（ITを駆使するとしても最後は人の頭脳を使う必要があるという意味で人です）何ぼの世界で，不動産に稼いでもらう，あるいは，お金に働いてもらうような形で稼ぐ職業ではありません。ということは，基本的には，働く時間や働ける人間をいかに増やすかによって，

売上を立てることになります。

　仕事に割ける時間に限りがある自分としては，当然ながら，使える時間で最大限の効果を出すために，知恵を絞るしかないことになりますが，では，どうすれば最大限の効果を出せるのか。実は明確な答えは今でもなく，毎日試行錯誤しているのが現状です。

● 税理士という仕事に対する充実感

　このような悪戦苦闘を続ける毎日ですが，日々の仕事においては，充実感をもつことがたくさんあります。

　現在は，主に国際相続や資産税という，個人のクロスボーダー案件に携わっていますが，国内外にかかわらず，いろいろなキャリアやバックグラウンドを持つ方々がお客様である仕事は，とても楽しいものです。

　人の価値観は本当にさまざま。その価値観に触れることで，多くのことを学ぶ機会を得ています。お客様から多くのことを学ばせていただくときは，「あきらめずにずっと続けてきてよかった，この

CHAPTER 7 会計業界の「働き方」

COLUMN 6

仕事頑張ろう」と思う瞬間です。

● 「子育てしながらのキャリアプラン」
　を真剣に考えるべき

　現在，私は時短勤務制度を利用しています。残業はほとんどできず，保育園のお迎え時間も限られているため，収入は減りますが，ありがたい制度です。また，朝早い勉強会やミーティングにも参加していません。このスタイルで，約8年間ずっと勤務してきました。

　ただ，時々「本当にこれでいいのか」と思うことがあります。なぜなら，私は自分のキャリアプランをまったく考えていられない状態であることに気がついたからです。

　育児休暇，時短勤務，残業なしというのは，配慮していただいている反面，「あなたは子育てというハンディがあるのでキャリアプランはほぼなくてよいですね」と言われている気がして，それがモチベーションを下げることにはなっても，上げることにはつながらないのではないかと考えています。

　最近の新聞でも，時々この視点で転職をする女性が増えている記事をみかけます。つまり，仕事と子育て両立世代が「より刺激のある職場を求めて転職する」という記事です。これまでは，仕事と子育ての両立をどう支援するか，そのような状況にある女性をどう雇用し続けるか，という記事が多かったのですが，おそらく時代の流れも次のステージに進みつつあるのではないでしょうか。

　仕事と子育ての両立世代に対しては，制度の充実だけではなく，同じ働く人として，他の世代と同様にそのキャリアプランも真剣に考えてあげなければならない時代に入ったということです。試行錯誤して，両立の方法を学んでこなせるようになった女性（男性もですが）は，次のチャレンジを目指して，新しい環境でトライしようという意欲を持ってしまうからかもしれません。

● 意思決定の場に子育て両立世代
　を参加させる必要性

　これから数十年間は，日本の人

161

口減少，特に，労働人口が激減する時代に入り，どの職場も人手不足に陥ります。離職率を下げることが依然として大きな課題です。

一方で，若年層はこれから多くのメンバーが子育て両立世代になります。これまでは，仕事と子育ての両立というキーワードが「女性」を想定していましたが，もうその時代ではなくなりつつあります。

「子育て両立世代」とは，男女問わず，子育てを協働している世代を意味する時代に入りました（保育園における朝の送迎を父親が担当する家庭の数は，数年前と比較すると格段に多くなっています！　最近では，このような男性を「イクメンパパ」と称していますね）。

そうすると，意思決定の場に子育て両立世代を参加させる必要性がでてくると思います。彼らが何を考えているのか，どうすれは，仕事と家庭を両立させながら自身のキャリアプランを充実させることができるのか，肌感覚でその意見を取り入れる必要性に迫られてくるだろうと思います。

このような状況において，どのようなワークライフバランス支援活動を企画し実施し続けられるかが，今後10年間の業界成長のためには重要なポイントとなってきます。

CHAPTER 8

私たちが経験から学んだこと
会計業界で働く人の
キャリアパス

● 本章のテーマ

薦田:「会計業界ってけっこういろいろなキャリアの人がいるよね。」

安岡:「まったく違う業界から来た人もいるよ。」

薦田:「あと、「出向」という形で違う会社での経験を積めることも、専門家ならではかもしれないね。」

宇田川・米原:「この章では、会計業界で働く人たちがどんなキャリアパスを経てきたのか、それぞれの経験をお話しましょう。」

私たちがお話します！

税理士法人山田&パートナーズ　マネージャー・税理士
薦田牧子
IT系の上場企業を経て現在に至る。金融機関に出向経験あり。
資産税・設備投資に関するコンサルティングを中心とした業務を行う。

税理士法人山田&パートナーズ　部門長・税理士
安岡喜大
新卒で入社した大手生命保険会社で営業所長まで務め、その後、会計業界へ転職。
個人会計事務所スタッフを経て、現在は部門長として幅広い業務をこなす。

税理士法人山田&パートナーズ　パートナー・税理士
宇田川隆
大手金融機関の内定を辞退し当法人に入社。大規模法人の経営企画室への出向経験あり。
現在はM&A・事業承継等の資本戦略コンサルティングに従事。

山田コンサルティンググループ㈱　マネージャー
米原三恵
大学院修了後、新卒で当社に入社。事業再生、ODA支援等を経験した後、衆議院議員事務所に研修生として1年間出向。現在は企業コンサルティングや自治体支援を行う。

CHAPTER 8 | 私たちが経験から学んだこと
会計業界で働く人のキャリアパス

税理士法人山田&パートナーズ
マネージャー・税理士 　**薦田牧子**

CHAPTER ▶ 8-1
IT業界から会計業界へ転職しました！

会計業界なら自分次第で可能性を広げられる！

　私が会計業界（税理士）を目指した理由は，会社の歯車としての存在ではなく，専門的な知識を身につけて私自身を生かせるような仕事をしたいから，また，女性なので資格を持っておいたほうが将来環境の変化に柔軟に対応できるから，ということでした。

　大学時代は文学部で，その後新卒で入社した企業はIT系の上場企業で仕事の内容も経理ではなく，IT系の業務に携わっていました。パソコンも学べてお客様とも日々関わる仕事だったのでとても楽しかったのですが，女性の多い職種だったからか仕事内容の制限や将来性が見えなったこともありました。入社して数年経った頃今後の人生を考え，一生続けられて自分を生かせる資格を取ろうと思うようになりました。

　資格の選択肢としては，弁護士，会計士，税理士でした。まず弁護士は理論派で相当冷静な方が向いているように思い，私の性格上はあまり向いていないように思いました。会計士は上場企業がメインのお客様ということで，お客様の層が限定されるという観点から，選びませんでした。最終的にはお客様の層が中小企業から大企業まで，また富裕層の個人も対象にする税理士が幅広く経験できて面白そうということで，税理士資格の勉強をすることにしました。

　税理士は資格取得まで，働きながら勉強できますし，1科目ずつ取得すれば当該科目は一生合格が保持されるので，資格勉強中に一度勉強を中断せざるを得ない状況であってもまた再開しやすいという利点がありました。

165

会計業界に入ったのは，税理士試験勉強中で3科目合格後の30歳でしたが，入所した税理士法人山田＆パートナーズには自立して生き生きと働く女性が多く，とても勇気づけられました。また，会計業界での30歳は年齢的にとても若いほうとのことで，その当時出遅れたと思っていた不安も払拭できました。会計業界に入って，女性ということで制限されていると感じていた可能性は，自分次第でどこまでも拡げられるのだというように思えるようになりました。

異業種からの転職で活きたこと，苦労したこと

　前職はIT系の上場企業で，5年間働きました。ほぼ毎日外出してお客様先に訪問していたため，お客様対応には慣れていましたし，後輩指導やチームのリーダーもしていたので，組織での自分の振舞い方もわかっていました。会計業界でもその社会人経験は活かされ，上司や先輩とのコミュニケーションのとり方，後輩の指導などは，社会人未経験の方よりわかっていたと思います。

　また，IT系の仕事をしていたため，前職で使っていたソフトの利便性を自分の働いている税理士法人や関与している会社に提案することができました。その結果，導入されたソフトもありますし，現在導入を検討中のソフトもあります。

　前職の業種が違うことで当初，苦労したこともあります。税理士の実務ははじめてだったので，仕事の進め方がわからなかったことです。

　税金の知識は試験勉強で習得していたとしても，実務となると試験勉強では補えない課題も多々出てきて，最初の3年程はとても苦労しました。また，税理士法人は士業ということで，1から10まで教えてくれるわけではなく，自分で学んでいくスタンスが前提のようです。自分の頭で考えて進めていくということで，最初はそのスタンスに慣れるのも大変でした。

　とは言え，やはり税金の知識はないよりあったほうがよいですし，試験勉強も一通り国税三法を勉強して入社して本当によかったと思いました。仕事

CHAPTER 8 私たちが経験から学んだこと
会計業界で働く人のキャリアパス

No.

DATE / /

を任せられてからその税金の勉強をするのでは，なかなか間に合わないのではと感じるので，やりたい仕事の勉強はあらかじめしておいたほうがよいと思います。

　会計業界未経験だと，最初の3年間は必死で実務を覚えるしかありません。しかし，その後は自分の裁量で仕事を進めることができ，またお客様からも信頼をいただけるようになり，非常に充実した税理士ライフが送れるようになるはずです。

転職後の収入は上がった？　下がった？

　会計業界は自分次第で，大きく収入が変わる業種だと思います。女性も，「女性だから」ということはなく，収入も男性並みに得られ，自身が成長すれば周りも認めてくれて役員も目指せます。

　ただ，税理士法人で働く場合，業界未経験で税理士試験の科目合格者の方は，当初はそれほど高い収入は期待できないかもしれません。一般的に税理士法人は，税理士試験合格科目数で入所時の給料が決まり，合格科目が増えたり経験を積むことで給料が上がっていく仕組みのようです。

　そういう意味では，3年目くらいまではある程度決まった基礎的な仕事が中心で，給料は横並びが多いようです。しかし，4年目以降役職が上がると給料にも差が出やすくなります。さらには自ら営業活動を行い，自分でお客様から仕事の依頼を受けるようになると，税理士法人によってはそれも評価の対象となり，給料アップにつながるケースもあるようです。

　私は前職の給料に追いつくのに3年ほどかかりましたが，今となっては当時そのまま働いた場合の年収は超えられたと思います。

会計業界で働いてみたら，想像以上に華やかだった！

　会計業界にいる人というと，地味で暗い，細かい人が多い。仕事は毎日社内でひたすら伝票入力し，顧問のお客様を訪問しても淡々と話すだけ，そんなイメージがあると思います。私も会計業界を目指すまではそういうイメー

167

ジがあり，あまり楽しくなさそうな環境で働くのはつまらないだろうなと思っていました。

　しかし，就職説明会に行けば，若く明るい人も多くいました。また，会計業界で働いてみると，銀行など金融機関でお客様向けにセミナーをしたり，富裕層や金融機関の方と楽しいお付き合いをしていたりと，華やかな部分も多いというのも事実です。そういうことは，やはり会計業界に入らないと知ることができません。学生や世間でのイメージは，地味で暗い印象なんだろうな，という点をもどかしく感じています。

　確かに，税理士の年齢層は60代以上が過半数であり，若い税理士が少ないという現状を見ると，パワフルに働いている税理士は一部なのかもしれません。そういう意味では，明るくきちんとコミュニケーションが取れる税理士は，お客様から高評価を得られやすいということでもあります。若い方にとって，会計業界はさまざまな可能性があるということを認識してもらい，会計業界を目指す人が増えてほしいと思っています。

税理士法人山田&パートナーズ
部門長・税理士　**安岡喜大**

CHAPTER ▶ 8-2
個人型税理士法人と
総合型税理士法人

新卒で入った保険業界から会計業界へ転職

　大学時代の私は，就職活動時期になったら皆と同じように，できるだけたくさんの会社の就職説明会に参加し，少しでも自分が働きたいと思える会社から内定がもらえれば，その内定をもらった会社に就職をすることが当然であり常識だというような考えでした。

　もちろん，「大事な選択をするのだ」という思いはありました。しかし，実際に経験値として働いたことがあるわけではないので，学生時代に，そこまで重要なことだと認識をしたうえで，仕事を決めるということは極めて難しいと思います。学生時代の私は，自分がどのような職業の"仕事"をしていきたいかというよりも，どのような"会社"で働きたいのかという意識で，就職先を決めたように思います。その結果，新卒で入った保険会社では，入社7年目の頃になると，この仕事に自分の人生を捧げていくことに疑問を感じ始めました。理由はいくつかあります。

　1つは，"人事異動"です。はじめの配属先は人事部でした。主に，新卒の採用担当者として，全社のリクルートの企画や戦略から，採用のスケジュール管理，セミナーや面接官の手配，実際の面接，内定者の入社までのフォロー，入社後の新入社員の配属など，その業務自体は非常に楽しいものでした。その3年後，営業所に異動となり，実際にお客様に保険を販売する営業職員の管理者として，内部の事務管理から営業の指導まで，営業に関するさまざまな業務を行いました。まさに，営業の最前線での仕事であり，厳しい競争の中で忙しく，刺激的に過ごす日々が続きました。

私が入社した保険会社では，当時，3～4年に一度のサイクルで人事異動がありました。人事部から営業所というように，それまでの業務と全く関係ない仕事に突然，異動することも当たり前でした。もちろん，総合職として入社したので，会社の人事異動に従うのですが，「これから先，40年近い社会人生活で，この周期で人事異動を繰り返していくと，自分の職業としての専門性を身につけることが難しい」と感じ始めていました。

　2つ目は，営業所に勤務していた頃，企業オーナーに経営者保険などの保険商品を提案する際，オーナーから保険以外の話を聞くことが数多くあり，その時，オーナーの方には大変魅力的な方が多く，また，オーナーは人知れずたくさんの悩みを持っていることに気づいたことです。

　特に，"税"について悩んでいるオーナーが数多くいたのですが，当時の私は，保険に関する税以外の税については未知の部分が多く，お役に立てていない自分がもどかしく感じていました。また，オーナーからは，度々，自身の顧問税理士について良い面も，悪い面もお話をお聞きしました。

　企業のオーナーは良くも，悪くも大変魅力的な人が多く，もっと深く企業オーナーと関わりたいと思うようになりました。そのためには，"税"の知識が必要と感じたので，まずはFP（フィナンシャルプランナー）の資格を取りました。これをきっかけに，さらに深く学び，自身の専門業務にしたいと思い，税理士の資格も取りたいと考え始めました。

　ただ，保険会社に勤めたままでは困難だと思い，本気で目指すなら，税理士のそばで，税理士の業務を見ながら，税理士資格の勉強をしたほうがよいと考え，転職を思い立ちました。また，年齢も30歳になっていたので，若干の焦りもありました。

　つまり，保険会社に対するネガティブな考え方というより，自分がやっていきたいと思った専門性のある仕事が，税理士の業務に近かったということです。現在は，数多くの企業オーナーと接点を持つことができ，私の提案やコンサルティングを通して，オーナーのお役に立てているという実感を持ちながら業務をしています。

働きながら受験勉強

　転職後，働きながら税理士の受験勉強をしたので，基本的に平日は仕事と勉強以外はしていませんでした。受験勉強を始めた頃は，１年間のうち勉強をしなかった期間は，８月の試験日後の２週間程です。それ以外は残業や飲み会などがある日でも，早朝から勉強をするなど，継続して勉強するようにしていました。その分，家族サービスの時間などいろいろなものを削りました。

　保険会社に勤めていた時から，簿記などの勉強は始めていたのですが，すべて中途半端にしかできていませんでした。１日の仕事を終えると，その日はそれで充分に頑張ったと感じてしまい，そこからさらに勉強することがなかなかできませんでした。

　そのような期間が２年，３年と過ぎ，専門学校のテキストや書店で買った参考書などが積み重なっていくだけで，成果はまったく出ませんでした。「退路を断ってやらないとだめだ」と思い，保険会社を退職。残された道は，税理士になることしかなかったので，ある意味で吹っ切れ，勉強に集中できました。よって，受験期間中もあきらめるといった発想には全くなりませんでした。

　私の受験時代のモチベーションは，「とにかく家族を支えなくてはならない」という気持ちです。子どもが生まれたばかりで，家族のためにも頑張らなくてはという気持ちがありました。税理士の受験勉強は，長期間に及ぶことが多いです。そして，その期間中には，当然，気持ちが切れるような時もあるので，心の支えのようなものは欠かせません。

　ただし，私自身が資格を取ってから思うのですが，税理士を目指す人の中には，資格取得がゴールと考える人がいますが，資格はあくまで道具でしかありません。その道具を手にした後が，本当のスタートです。立派な道具を持っていても，使う人の力がなければ，宝の持ち腐れになってしまいます。そして，その道具（資格）を生かすには，その人の力（人格）により決まるものと思います。

個人会計事務所から総合型税理士法人へ

　私が最初に勤務した会計事務所は，古くから代々会計事務所を営まれており，"老舗の会計事務所"といった感じの立派な事務所でした。私が勤務していた頃は，2代目の大先生と3代目の若先生の親子で営み，良い意味で家族的な事務所経営をされていました。

　個人会計事務所の場合，その経営者（個人税理士）は，いわゆる事業所得者になりますから，どうしても税理士個人の色が強く反映されます。そのため，良くも悪くもその税理士の個性で事務所の風土が決まります。

　私が勤務した会計事務所も，その地元で長年事務所経営をされていたので，地場の優良なクライアントを多数抱えていました。そのような場合，当然なのかもしれませんが，新たな業務展開とか新規クライアント先の獲得など，これまでと異なる業務をするケースはあまり多くありません。「今のクライアントを守っていく」というような志向なのだと思います。結果，私自身を含め，事務所職員の業務は毎年それほど大きく変わることはありませんでした。

　一方で，大規模な総合型税理士法人の場合には，より大きな仕事を受けるために，税理士や公認会計士の数などの事務所の規模（サイズ）が重要な指標となります。そのため，業務の拡大を目指すケースが多く，必然的に，新しい分野の業務の開発により，さらに多くのクライアントの獲得を目指していくことになります。これは，大変なことではありますが，自分が成長する機会が増えるのと同時に，自身の仕事のステージもどんどん上がっていくので，非常にやりがいのあることだと思います。

　現在私が所属する税理士法人山田＆パートナーズでは，総勢700名を超える職員がおり，税理士だけでも約200名所属しています（2018年1月1日現在）。それだけのメンバーが日々，発展拡大を目指して切磋琢磨しながら業務を行っているので，既存のサービスのみを行えばよいという風土はなく，常に，国内の会計事務所で一番のサービスを提供したいという気持ちがあります。

　また，大規模な総合型税理士法人の場合は，内部組織はいくつかに分かれ

ているので，複雑・高度化する専門的な分野に特化することも可能です。また，大きな組織にすることで，人手のかかるような大型業務を引き受けることができます。たとえば，大企業の決算・申告業務，企業のM&A等における事業再編業務やデューデリジェンス業務などです。

さらに，そのような案件は税理士業務の範疇にとどまらず，他の士業の協力も得ながらでないと，先に進まない仕事が少なくありません。つまり，税理士1人で行える業務が限られるため，弁護士，司法書士，社会保険労務士などのネットワークを作っておくことも重要です。総合型税理士法人の場合，グループに弁護士，司法書士などもいるので即対応でき，また，外部の専門家とも広く協同しており，守備範囲はかなり広くなります。

会計業界へ進むことを迷っている人へ

私は保険会社の総合職から転職したので，「自分がどのようなキャリアを積みたいか」をもっとも重視しました。大きな組織は，幅広い業務を経験できることがメリットですが，逆に，1つの業務を深く掘り下げることが難しいケースもあるでしょう。また，当然，大きな組織は人事異動があるので，自分の思い描いたキャリアを実現することは難しい面もあります。

転職を決めたのが30歳の時だったので，残りの約30数年の職業人生で自分がどのような仕事をしたいかと改めて考えたところ，やはり，専門的な業務のなかで，クライアントと深く，長い関係を築いていきたいと思ったことが，転職を決断した理由でした。

仕事が人生の目的ではないとは思いますが，やはり自分の職業というのは，自分の人生においては，さまざまなところで大きなウェートを占めるものです。また，どのような仕事をするかで，自分の生き方が大きく左右されるものでしょう。たとえば，それが"税理士"であった場合，"税"の専門家として，個人や企業の相談相手であったり，コンサルティングを行ったり，ソリューションを提供したりと，長くその方々との関係のなかで，お役に立てるような人生が送れるような職業だと思います。

税理士法人山田&パートナーズ
パートナー・税理士 **宇田川隆**

CHAPTER ▶ 8-3
事業会社に出向しました！

金融機関の内定を断って税理士を目指した学生時代

　大学4年生のとき，各業界では大きな事業再編・M&Aが行われており，私もこのようなダイナミックにヒト・モノ・カネが動く経営戦略の一環に関わりたいと思い，金融機関や総合商社を中心に就職活動をしていました。

　就職活動を通じて，事業再編・M&Aは会計業界の人々も深く関わりアドバイスしていることを知り，金融機関の内定を断って，会計業界を志望して税理士の受験勉強を始めました。2年間，受験に専念した後，会計業界のフロンティア的な存在である山田グループを志望して入社しました。

自分の得意分野を探していた頃

　私は配属先の部門や上司に恵まれて，希望した業務は何でも経験することができました。入社してすぐに担当した案件は,会社の合併や会社分割といった事業再編の仕事でした。そのなかで，再編スキームの立案検討，税務会計処理の検討およびシミュレーション，実行支援とはじめからおわりまで，すべて経験することができました。他にも，会計事務所の基幹業務である個人の確定申告・法人の決算申告や，山田&パートナーズの強みの1つである資産税業務(相続税対策・事業承継対策)，そして相続税の申告も多く経験できました。

　入社して3年間ほどは，このような比較的幅広い業務に携われたものの,「これ！」という得意技や誰にも負けないと自信を持てる業務はありませんでした。また，大規模法人向けの経験が少なく，このまま中堅中小企業の税務対応の仕事を続けていてよいのか,取り残されていないかといった不安がありました。

174

CHAPTER 8 私たちが経験から学んだこと
会計業界で働く人のキャリアパス

No.

DATE   /   /

　いろいろな分野の知識を習得すべく，勉強していたものの，先が見えず，自分は何がやりたいのか，何をすべきなのか，何が得意なのかがわからず，将来への漠然とした不安を感じて悩んでいた時期だったと思います。

大規模法人への出向が決まる！

　当時，クライアントであるＡ社がＢ社を買収したのですが，このＢ社は急拡大・急成長をしているものの，管理部門がその拡大成長に追いついていないという状況でした。そこで，その管理部門の応援サポートを要請され，私が出向(契約形態は常駐型業務委託)という形でＢ社へ身を置くことになりました。

　はじめにこの話をもらった時は，私はこれまで大規模法人の対応をしたことがないため，本当に自分で対応できるのか，自信がなく不安でした。しかし，そのように思ったのは一瞬で，その後はやりがいのある仕事を依頼された，はじめての仕事だけどしっかり準備していい仕事をしようと思いました。

　そのため，決心するまでの葛藤はありませんでした。というよりもこれまで漠然と将来に不安を感じていたのが，この話を受けて未来がパッと開けた気がしました。とてもワクワク，少しだけドキドキしたのを覚えています。

出向先ではどんな仕事をするのか？

　出向先では，経営企画室のマネージャーとして仕事をしていました。

　経営企画室では，決算・経理業務，開示資料作成業務，予算策定，役員会資料の作成，監査法人対応，M&A対応をしました。経営企画室は正社員３名，派遣社員５名，室長，CFOの10名体制で，正社員が少ないことから１人で対応すべき仕事も多く，深夜残業が当たり前の環境でした。

　私は管理職であるマネージャーとしての仕事がメインで，各メンバーへ業務の指示を出し，スケジュール工程管理，最終チェックなどのマネジメント業務をしていました。最初はこれまで経験したことのない仕事ばかりだったので，まずは全体像を把握するだけでも相当な時間を使いました。また，必要となる知識やスキルも身についていないため，深夜残業が多いなかでも勉

175

強をして，必死で知識を習得しました。

　使われる用語も聞き慣れない言葉ばかり。右も左もわからない中での仕事のスタートでした。しかし，少しずつですが全体像がわかり知識も身につき，何をどのようにすべきか理解し，各メンバーに的確に指示を出せるようなっていきました。

　そして何より私の財産となったのは一緒に働く仲間との信頼関係を築くことができたことです。この時，一緒に働いたメンバーとは何度もぶつかり合いましたが今となってはよい思い出で，そのメンバーとは職場が変わっても一緒に仕事をしたり，懇親会を企画して集まったりと，今でもとても大切なビジネスパートナーです。

大きなチームで仕事をして気づいたこと

　それまで私は2〜3人程のチームで仕事をすることがほとんどで，仮にそのうち1人が事情により仕事ができなくなったとしても，最後は自分1人で何とかできるような仕事量でした。しかし，出向先では10人程度で仕事を回すので，複数人の仕事がストップすると1人で何とかできる仕事量ではありません。とにかく，メンバーには期日どおりしっかりと仕事を進めてもらうことが重要で，メンバーのモチベーション管理と進捗管理を徹底しました。

　ときには厳しく叱咤激励し，プレッシャーをかけ，一方よくできたときには皆の前で精一杯褒めてというように，メンバーが一生懸命に頑張って働いてくれる環境づくりを心がけました。自分だけではどうにもならない，周りのメンバーにいかに働いてもらうかが重要だと実感しました。

「終わり」の「始まり」

　出向期間も半年が過ぎ，出向の目的である管理部門の強化も達成しつつあり，そろそろ私の役目も果たしただろう，あとは会社内で何とか頑張ってもらおうという話になりました。出向した当初は毎日が大変で苦労の連続でしたが，戻るタイミングではとてもやりがいを持って仕事をしていました。だ

からこそ仕事の達成感はとてもありましたが，メンバーと離れるのがとても寂しく思いました。

　すると嬉しいことに，出向先からは「出向という形ではないにしろ，これからも必要なサポートをしてほしい」とのことで，常駐型業務委託契約はいったん終了し，新たにアドバイザリー契約を結ぶことになりました。月に1～2回程度のサポートとして，関係は継続することになりました。

期待を裏切らずに結果を出す！

　出向から戻ってから，「はじめから他の業界に行くのと，会計というバックグラウンドを背負ったうえで行くのと，どう違うか」とよく聞かれるようになりました。

　実際に私が出向先で携わった業務は，はじめての仕事ばかりでしたが，"会計"というバックグラウンドがあるがゆえに，「できて当たり前」という見られ方はしていたと思います。さらにいえば私は税理士なので，資格があるだけで「結果を残してくれるのだろう」と期待されていると感じながら仕事をしていました。しかし，この期待は私にとっては心地よいものでした。「期待を裏切らずに結果を出そう」と考えていたのでとても良かったと思います。

出向経験で身についたマネジメントスキルとM&A対応

　出向先で経験したことは今でも活きていると思います。

　1つはマネジメントスキルです。私は現在数十人のメンバーのマネジメントをしており，出向先で苦労した「人を動かす難しさ」は通じることがあると実感しています。この出向先での経験が今の私のマネジメントの原点となっているといっても過言ではありません。

　また，出向先でのM&A実務では，買収者としての立場でのM&A対応を経験することができました。この経験は今，M&Aアドバイザリー業務を提供するうえで活きていると実感しています。

177

山田コンサルティンググループ㈱ マネージャー　**米原三恵**

CHAPTER ▶ 8-4
公的機関に出向しました！

コンサルタントを志したきっかけ

　私は大学院まで建築学生で，学生時代には経営学とはまったく縁がありませんでした。経営に興味を持つようになったきっかけは，公共施設の計画に関わる研究室に所属したことが大きかったかもしれません。

　たとえば，小学校の建て替えに際して，自治体が設計事務所に発注する前に基本構想や基本計画を策定します。そのプロセスを先生とともにお手伝いしていました。このとき気づいたことは，できあがる建物のコンセプトや形態，内装など，ユーザーが受ける影響の大部分は，計画段階の前提条件に左右されていること。つまり，設計以上に計画が，建築の価値やあり方を決めるということでした。

　また当時，個人的な興味から国内外の博物館をいくつか見学していました。数十年前に建てられた立派な博物館が，市民で賑わっているかというとそうではありません。建築当時は少なくない税金や労力が投じられていたはずですし，今も維持費で相応の費用がかけられています。

　丹精込めて作られたはずの公共建築が「ハコモノ」と呼ばれ，訪問者も少なく寂しい光景を作っているのはなぜか。私が至った考えは，建築が生かされるには，設計以上に経営が大事なのではないか，ということでした。

　このような経験から，建築よりも建築を巡る経営や経済に興味を持つようになり，それがきっかけでコンサルティング業界を志すようになりました。会計に関しては，コンサルティング会社への入社が決まってはじめて簿記の存在を知ったくらいのド素人でした。

事業再生案件

　コンサルティングファームに入社したのは2010年，リーマンショック直後のことでした。自然，頂く仕事は事業再生案件が多く，倒産危機と戦う経営者や金融機関とお会いする機会をたくさん得ました。クライアントの人生の重要な場面に立ち会い，その今後を左右する仕事を一部ながら手伝っている。時間の限られたなか，寝る間も惜しみ全力を尽くす上司や先輩の背中を見て，仕事に対する姿勢，プロ意識を学びました。

　タフな場面も多くありましたが，尊敬できる人たちの背中を追って仕事ができるこの環境は代えがたく感じました。同時に，会計に関する基礎知識や考え方を学んだのも再生案件を通してです。さまざまな業種の企業に，短期間に複数関わることで，座学の知識が実践的なものに変化したように思います。

ODAプロジェクト

　再生案件に携わって3年余り経った頃，ODA（政府開発援助）の仕事に関わる機会を得ました。ざっくり説明すると「中小企業の技術やサービスを活用し，途上国の開発支援と中小企業の海外展開を同時に支援しよう」という趣旨の外務省の新しい事業です。私たちはその1号案件でした。

　対象製品は危険物貯蔵地下タンクです。対象国の普及製品は，日本製品と比較して漏洩リスクが高く，防災・環境上の問題を抱えていました。私は，関連省庁や国営企業に向け，日本の技術や安全性，仕組みに関する研修プログラムの企画実行を担いました。参加者の強い関心と理解とともに研修を終えることができたものの，国営企業幹部との会話から，プロジェクトの目的である量産や普及を達成するのはそう簡単でないと思い知りました。制度の壁があるためです。法的に何の強制力もないなか，安全性が高くとも従来品より高い製品を導入するインセンティブは一民間企業にはありません。この経験から，法律は企業の競争環境を規定していること，そして制度設計には経済活動を変える大きな力があることを，より強く意識するようになりました。

衆議院議員事務所への出向

ODA プロジェクトが完了するちょうどその頃，社内で衆議院議員事務所出向の公募がありました。私の所属するコンサルティングファームは，税理士法人，監査法人を有するグループで，毎年グループから若手1名を，その議員事務所へ研修生として送り出しています。

希望し，社内選考の末，上司の後押しもあって1年間の出向の承認を得ることができました。

会社には，ビジネスチャンスを広げるためにさまざまな出向機会がありました。たとえば，いちばん多いのが金融機関です。しかし，議員事務所の場合，仕事上の取引などないため，組織としてのミッションは課せられません。社長からは,「とにかく見聞を広めて来い」とだけ言われました。上司や後輩は，私のクライアント数社を快く引き受けてくれました。

ビジネス面での組織貢献が期待できない出向であるにも関わらず，純粋に私個人の見聞を広めるための機会を与えてもらったうえ，忙しい職場の仲間からは激励とともに快く送り出してもらい，感謝の気持ちでいっぱいでした。

議員事務所ってどんなところ？　何をするの？

案件の引継期間を経たその年の5月に，議員事務所へ初出勤しました。読者の方はご存知かもしれませんが，議員事務所は東京の議員会館内にある国会事務所と議員の地元選挙区にある事務所の2つがあります。私は議員会館の国会事務所に出勤していました。ここには通常3～5人の秘書が在籍し，政策業務，議員の予定調整，支援者とのリレーションや政治資金パーティの開催，企業からの政策要望対応，運転などの業務を日々行っています。

私が出向した事務所は比較的大所帯で，出向者を含めて8人の秘書が，所狭しと席を並べ，しかもほとんどが数十年選手というベテラン揃い。選挙もあるし，心身ともハードワークのため，議員秘書で数十年勤め続ける人はほとんど見かけないものです。これだけ長く勤める秘書が揃うのは議員自身の

人柄がなすものだと，他の事務所の秘書からもよく言われました。

その中で私に最初に任せていただいた仕事は，政策秘書見習いとして，党の部会に先生の代理出席をするということでした。

● 「部会」ってなに？　その❶

政党には政策部会という機関があって，選挙公約に則り政策や立法について議論します。政務調査会，政策調査会など党によって呼び名は微妙に異なりますが，その政策部会の中にはテーマごとに細かな会議体が設置されており，それを「部会」と呼んでいます。

テーマは，経済，農林水産から，労働，IT，宇宙まで。部会の種類はかなりの数に上ります。平日はほぼ毎日，朝8時から1時間刻みに夕方まで，特に国会会期中は部会のスケジュールはぎっしり埋まります。

ただし，国会本会議が13時から開催されることが多いため，13〜14時だけは部会もお休みで，秘書はその時間帯にお昼休憩をとるのが通例です（余談ですが，議員の先生方は12時からの部会でたいてい，カレーライスが配膳されるので，会議に出ながらカレーを食べます）。同じ時間帯に，多いと5〜6種類の部会が開催されるため，先生が関心のあるテーマの会議が重なった際など，秘書が代理出席することになるわけです。

● 「部会」ってなに？　その❷

各部会には会長，幹事長，委員などの名称で役員を務める議員がいます。政調会長や上役から指名を受ける形で，そのテーマに造詣が深い，問題意識を持っている議員などが務めます。役員たちが会議室の正面に座り，手前には関係省庁の役人（会によっては大臣も），党の議員がずらりと並びます。参加者は数名から数百名のときまでさまざまです。そして部屋後方に秘書や記者がぎゅうぎゅうに詰め，ときに立ち見で議論を聴きます。

最初は，話の内容についていけず，議論を聞いているだけなのに1時間でぐったりと疲れていました。私のミッションは部会内容を理解し，先生に要

点を報告する，という一点でしたが，そもそも議論の背景となっている問題も，現状の政策や法律も理解が皆無の状態です。ちんぷんかんぷんのままひたすらペンを走らせる日々が続きました。

また，テーマの多様さに圧倒され，これだけたくさんの問題を議論していて，議員の先生方はどのように頭を整理しているのだろうと思ったものです。さすがに1年間聴き続けていると，いろんな議論に対する耐性ができるのか，話についていけるようになりました。そして，私が出向前に携わっていた中小企業の事業支援や金融周りの問題は，社会に存在する問題のほんの一部であることを改めて認識したのでした。

国会議員の姿

私の仕える先生は当選回数10回を超える大ベテラン，与党の重鎮でありながら，その実直な人柄については各方面から評判が聞こえてくるような方でした。3月に出向の挨拶のため，はじめて議員会館に訪問したとき，ガチガチに緊張する私の手を握ってグッと握手をし，にっこり笑って迎え入れていただいたところからも温かい人柄はすぐに感じ取れました。

事務所から離れてもう2年経ちますが，今でも時折合えばにっこり嬉しそうに握手を求め，来てくれてありがとうとおっしゃいます。このように人とのつながりを年齢立場に関係なく，等しく大切にしている姿勢は，私が先生を尊敬する理由の1つです。国会議員として何十年も支持を集める人とはこういう人物なのだと思いました。

コンサルティングの仕事とのつながり

毎日何時間も部会を傍聴しているとだんだんと慣れてきて，縁遠いように感じていた国政と，私の仕事は（生活も）密接につながっているという当たり前の事実が，真に感じられるようになってきました。たとえば，私は出向前，税務に対して苦手意識を持っていました。税務は企業活動に切り離せない重要なテーマですから，コンサルタントとしては当然にカバーしなければ

CHAPTER 8 私たちが経験から学んだこと
会計業界で働く人のキャリアパス

No.

DATE / /

ならない領域です。しかし細かく複雑で理解しづらい，その上毎年制度が変わるためいつも四苦八苦していました。

ところが，部会を通じて国政視点でみれば，税金は国にとって事業収入なのだという当たり前の事実に気づいたのです。その収入は，社会の仕組みを支えるため，たとえば，医療や福祉サービスをするための大切な財源となるし，どこからどう徴税するかという仕組みそのものがどのような国を創っていきたいかという態度を表現しているのだと思いました。「税務って面白い」と素直に関心を持てるようになりました。

出向から戻って〜新しい仕事との出会い

1年間の出向期間を終え，4月より元のコンサルティングファームに戻りましたが，7月に面白い出会いがありました。

ある一次産業に関係する企業のお手伝いをすることになったのです。その会社の社長は，とても視座が高く志のある方でした。業界に知見のない私に，「業界は何十年も前から変わらない法律に縛られ問題を抱えている。生産者のためにも消費者のためにも時代にそぐわない法律は変え，業界に変革をもたらしたい」と志を訥々と語ってくれました。

社長の大きな視座に圧倒されつつふと周囲を見渡すと，小さく慎ましい事務所でほんの数人の従業員が忙しく日々の仕事をこなしています。何となく，これだけの大きな展望を抱く社長の参謀となり動く人物というピースが欠けているような気がしました。私自身にも何ができるか，正直その時点では未知数でしたが，まずは社長の話を聴くことから始め，何か役に立てないか模索する時間が始まりました。

それからは定期的に会社を訪れ，小さな事務所で社長の話を聞いては勉強させていただくような状態でした。訪れる際には前回の話を自分なりの理解で資料に落とし，社長の考えや業界の現状について理解を可視化していくことに努めました。そうしてでき上がった資料は，2ヵ月後には業界に関する提案書として，政府の規制改革会議に配られることになりました。

何人か現役の議員にも会いこの資料が説明に使われました。それから1年後の国会で，問題の法律の一部改正が可決され，社長の描く未来への第一歩が実現しました。私はタイミングよくこの社長に出会えたためにこのような稀有な機会に与れましたが，出向から戻って以降，不思議と公共の領域での仕事の機会に恵まれるようになりました。

新しいチャレンジ～コンサルタントを目指した原点への回帰

最近，同期に誘われ，ある被災地のまちづくりのお手伝いをすることになりました。今は公共施設の再開に向けて，事業計画の作成を行っているところです。私にとっては，学生時代コンサルタントを目指した原点に立ち返るようなテーマです。町の人の生活を助け，町の魅力となり，経済的に自立できるような施設を作ることは簡単ではありませんが，このような仕事をこのタイミングでいただけたのもご縁だと感じます。

学生時代の同級生や先生からは，1人違う分野を目指した私は変に思われていたかもしれません。当時は私自身，自分の選択を間違いないと胸を張れるほどの自信もありませんでした。今はこの業界に入ってよかったと思っています。社会人10年足らずでこれだけ多様な経験を積ませてもらえたこと。さまざまな業界で一生懸命に働く多くの素晴らしい人たちに出会えたこと。そして，チャレンジングな仕事が次々にやってくること。これだけ充実した仕事人生を送れていることがすべてだと思えています。

ときどき「私は将来どのような仕事をしているんだろう」と思います。これまで流れに身を任せてここまで来たような私ではありますが，頂いた仕事や機会に全力を尽くせば必ず学びがあり，その学びがわらしべ長者のように新しい仕事につながっていくことを，身をもって経験してきました。

5年後に何をしているか今は想像できません。そのような環境に身を置くことを，面白いと思う人ばかりではないかもしれません。私にも不安は多少ありますが，それも含め楽しい環境だと思えています。未来に何が待っているか，自分がどこまで行けるか今は楽しみです。

CHAPTER 9

会計業界の未来を考えてみる

● 本章のテーマ

ここまでの話でも，AIとか海外とかっていう単語が出てきて，時代が変わってきていることを感じるよね。技術の進歩はどの業界でもあること。これからは，いかにそれを使うかが勝負かもね。

藤江

AIに仕事が奪われる？ なんて言われたりすることもあるけど，働いている立場からすると，ちょっと違う感触があるわ。
この章では，会計業界の将来についてお話ししましょう。

柴田

＼私たちが／
お話します！

山田コンサルティンググループ㈱　副部長・公認会計士・中小企業診断士
藤江航平
財務アドバイザリー業務，事業再生業務。
メーカー，小売業，海運業等のコンサルティング業務を幅広く行う。

優成監査法人　パートナー・公認会計士
柴田直子
大手監査法人を経て現在に至る。
関西事務所及び中国・四国事務所の責任者を務め，主に会計監査，株式公開支援を行う。

CHAPTER 9 会計業界の未来を考えてみる

CHAPTER ▶ 9-1

"テクノロジー"が会計業界の未来を変える！？

▶ オックスフォード大学の研究内容

オックスフォード大学のＡＩ（人工知能）などの研究を行うマイケル・オズボーン准教授が2013年9月に発表した論文が，話題になりました。論文では，機械に奪われそうな職業がランキング形式で発表され，その中で，「Tax Preparers」（税務申告書作成者），「Bookkeeping, Accounting, and Auditing Clerks」（記帳代行, 会計, 監査事務員），「Accountants and Auditors」（会計士, 監査人）が90％以上の確率で機械に奪われる職業として上位にランキングされました。

この論文では，全702の職業のうち，400以上の職業が50％以上の確率で機械に奪われる（Computerisable）と結論付けられており，高い確率で機械に奪われるとされた職業は会計や税務に関わる仕事に限らないものの，この論文やその解説記事で，自らの仕事が機械に奪われる危機をはじめて自覚した人は多かったのではないでしょうか。

▶ クラウド型会計ソフトの例

たとえば，クラウド型会計ソフトは，過去に入力した仕訳を自動で覚え，入力時に最適な仕訳・摘要を提案する機能がついているものがあり，経理の専門家でなくても入力しやすい仕様になっています。多くのソフトには銀行口座やクレジット明細とも連携し自動的に情報を取得する機能がついており，タブレットで操作が可能です。現時点でも個人事業主の確定申告書までは作れるソフトが大半で，筆者の知る限り，法人税申告書まで単独のソフトウェアで対応しているものはありませんが，今後リリース予定の企業が存在します。いままで銀行口座やクレジット明細から仕訳を起こす業務は経理の仕事だったことから，実際に「税務申告書作成者」の事務はソフトウェアへの代替が始まっているともいえます。

187

CHAPTER ▶ 9-2
会計業界で人が行う仕事として
残り続けるものは何か

▶ オズボーン論文におけるヒント

　では，そのようなソフトウェアへの代替が会計業界・コンサルティング業界の仕事でも無制限に進むのかといえば，そうではないと筆者は考えます。

　そのヒントも，先のオズボーン氏の論文の中にあります。論文のランキングの中で，先ほどとは逆に，機械に奪われる確率が1％未満とされた職業も公表されていて，外科医，作業療法士，心理カウンセラー，看護師，ソーシャルワーカー，人事マネージャー，危機管理マネージャー，経営者が含まれています。これらの職業は，一言でいえば，繰り返し同じ場面に出会いにくい仕事といえると思います。

　大量の情報を扱う仕事や繰り返し同じ場面で同じ処理を求められる仕事は機械に，はじめての場面に出くわしやすい仕事は引き続き人に，という棲み分けが進むのではないでしょうか。

　たとえば，税務申告は毎年同じような処理をしているように見えても，毎年変わる税制に対応して判断を加える必要があります。日々の処理はクラウド型会計ソフトが代替したとしても，今年から施行になった税制をクライアント企業が有利に適用できるか判断し，経営者に説明する場面は，本来，人が得意とするところです。他にも事業再生コンサルティングは，どの事業を捨ててどの事業を残すのかなど，経営者にしかできない判断が連続し，日々変わる状況にタイムリーに対応する必要があるため，簡単に機械に代替することはできないと感じます。

　これら機械に奪われない仕事をし続けるには，専門分野に磨きをかけ，専門分野周辺の環境変化に敏感であることに加えて，最新のソフトウェアを使いこなす気概で，ソフトウェアが何をどこまでできるようになり，従来のものと何が違うのかを知り，場合によって，ソフトウェアの導入をクライアントに提案する覚悟が必要だと思います。

188

CHAPTER 9 会計業界の未来を考えてみる

CHAPTER ▶ 9-3
企業内会計士，企業内税理士 が増える

▶ 会計士の事業領域の拡大

　会計士の独占業務である「会計監査」以外の業務として，たとえば，企業内会計士が挙げられます。

　企業における会計関連業務としては，経理業務のみならず，複雑な会計基準適用の判断，内部監査，経営戦略の企画や合併・買収のM&Aなど，さまざまな業務があります。会計基準が複雑化しており，企業内における会計専門家の役割はますます重要になってきています。会計士が企業内に入り，会計専門家として活躍することが期待されています。

▶ 税理士の事業領域の拡大

　税理士の独占業務である「税務代理」，「税務書類の作成」，「税務相談」以外の業務としては，会計士同様に，企業内に入り込む方法が考えられます。

　モノや組織が動く場面には必ずと言ってよいほど税務の論点が出ることから，M&Aコンサルティングや組織再編コンサルティングなどの領域に特化する方法や，税理士は未上場企業の経営分析にも関与することが多いことから，経営分析の能力を発展させ，財務部長やCFOとして活躍する道も考えられます。

189

CHAPTER ▶ 9-4
監査法人の統廃合は進むのか

▶ 東芝の不正会計事案を契機として

　東芝の不正会計事案が発生し，担当していた監査法人の責任も問われ，会計監査の信頼性が大きく揺らぎました。会計監査は資本市場に重要なインフラであり，会計監査の信頼性を確保するための必要な取り組みについて，「会計監査の在り方に関する懇談会」（以下，「懇談会」とする）において，幅広く議論が行われました。この懇談会で提言されたのが，監査法人のガバナンス・コードの導入，監査法人のローテーション制度の検討となります。

▶ 監査法人のガバナンス・コードとは？

　懇談会では，監査法人の運営について明確な権限と責任を定めた実効的なガバナンスを確立し，組織全体にわたってマネジメントを有効に機能させる必要があると提言しています。これを受けて，2017年3月31日に，監査法人の組織的な運営に関する原則（監査法人のガバナンス・コード）が公表されました。監査法人のガバナンス・コードでは，実効的な組織運営を実現するための5つの原則を定めています。

　監査法人のガバナンス・コードは大手監査法人における組織的な運営を念頭に策定されています。このため，大手監査法人はこのガバナンス・コードを採用しています。2017年11月30日現在，大手監査法人を含む15の監査法人が，ガバナンス・コードを採用していると公表されています。

▶ 監査法人のローテーション制度と今後の動向

　懇談会では，東芝の不正会計が見逃された一因として，長期間にわたって同じ担当者が監査チームの中心となっていたことを指摘しています。ヨーロッ

パでは，監査法人の独立性を確保する手段として，2016年6月から，監査法人を一定期間ごとに強制的に交代させる，いわゆるローテーション制度が導入されました。懇談会は，日本において，ローテーション制度の導入に伴うメリット・デメリット，制度を導入した際に実効性を確保するための方策等について，調査・分析がなされるべきであると提言しています。

金融庁は，2017年7月20日に「監査法人のローテーション制度に関する調査報告（第一次報告）」を公表しています。ここでは，ローテーション制度の導入の必要性，ヨーロッパ諸国の導入状況等が報告されました。

ヨーロッパにおける監査法人のローテーション制度が強制化されて間がなく，その効果や影響が十分に検証されていません。今後，監査法人，企業，期間投資家，関係団体，有識者など会計監査関係者からのヒアリング等の調査を行い，導入に関して分析・検討を進めていくものと考えられます。

▶ 監査法人業界の再編への期待

国内の監査市場において，四大監査法人が上場時価総額ベースで9割以上の上場企業の監査を担っています。特に，大手上場企業の選択肢は大手監査法人のみとなっているのが現状です。

監査法人のガバナンス・コードを採用し，実効的なガバナンスを確立し，マネジメントをより有効に機能させることで，より多くの監査法人が大手上場企業の監査を担えるようになることが期待されています。逆に，制度上は設けることを想定されていませんが，ガバナンス・コードを採用していない監査法人が，実質的に大手上場企業を担当できなくなる可能性も考えられます。

上記の状況を踏まえると，ガバナンス・コードに対応できない監査法人は，徐々に淘汰されていく可能性があります。一方で，上場企業の監査法人の選択肢を広げるためには，大手監査法人ばかりではなく，いわゆる準大手監査法人が受け皿になる必要があり，この点からも業界の再編が進むものと考えられます。

大手監査法人のみが大手上場企業を担当する時代は終わり，大手上場企業の監査法人の選択肢は広がるとともに，会計士としての活躍の場がより拡大するものと期待しています。

191

CHAPTER ▶ 9-5

IFRSの導入の最新事情と
将来予測

▶ IFRSの導入状況

　2014年6月24日,「日本再興戦略改訂2014－未来への挑戦－」が公表されました。この中で, 金融・資本市場の活性化のための具体的施策として, 国際会計基準（以下,「IFRS」とする）の任意適用企業の拡大促進が記載されています。

　任意適用企業は引き続き着実に増加しており, 2016年11月末現在で164社(適用予定企業を含む) となっています。このうち, 上場企業である159社の時価総額は約178兆円と, 全上場企業の時価総額の約4分の1を占めている状況です。

▶ 今後のIFRSの任意適用企業の方向性

　日本政府がIFRSの適用を推し進めていること, 国際的な比較可能性を確保することを考えると, 今後もIFRSを任意適用する企業は増加すると推察します。一方で, 日本の会計基準が, 国際的に整合性のある, 高品質化される方向性であり, 日本の会計基準を適用することで, 一定の品質が担保されることが考えられます。

▶ 国際会計人材の活躍への期待

　IFRSに関して国際的な場で意見発信できる人材を育成するとともに, IFRS等に関する知識・経験が豊富で会計実務を支える人材の裾野を拡大することを目的として, 2017年4月, 財務会計基準機構において,「国際会計人材ネットワーク」が構築されました。今後, 国際的な会計実務に精通した人材が求められ, 会計士の活躍の場が, 国際化することが期待されます。

CHAPTER 9 ▷ 9-6

受験者数の推移と税理士の高齢化

▶ 過去の受験者数推移

　公認会計士と税理士の合格者数推移は【図表9-1】のとおりです。

　公認会計士試験についていえば，いわゆる大量合格時代（2006〜2008年）の直後に受験者数が増加したものの，その後，合格者が一気に1,000人台前半になると受験者数が2011年までの水準の半分以下に落ち込み，その後回復することなく，合格率は10%前後で推移しています。

　税理士試験については，合格率は11%〜15%で安定していますが，こちらも受験者数（延受験申込者数）が2010年に75,000人を超えていたのに対し，2017年は45,000人程度と約30,000人も受験者数が減少しています。推移だけを見れば，今後も大きく受験者数が上昇するとは考えにくい一方で，どちらも2017年は前年比で合格率が上昇しています。

【図表9-1】 公認会計士と税理士の合格者数推移

年度	会計士			税理士			
	願書提出者	合格者	合格率	延受験申込者数	一部科目合格者数	官報合格者	合格率
	a	b	b/a	c	d	e	d/c
2006	20,796	3,108	14.9%				
2007	20,926	4,041	19.3%				
2008	21,168	3,625	17.1%				
2009	21,255	2,229	10.5%	74,547	8,174	1,058	11.0%
2010	25,648	2,041	8.0%	75,785	8,453	999	11.2%
2011	23,151	1,511	6.5%	72,901	9,067	1,094	12.4%
2012	17,894	1,347	7.5%	70,805	10,068	1,104	14.2%
2013	13,224	1,178	8.9%	65,518	8,348	905	12.7%
2014	10,870	1,102	10.1%	58,465	6,909	910	11.8%
2015	10,180	1,051	10.3%	53,663	6,902	835	12.9%
2016	10,256	1,108	10.8%	49,245	5,638	756	11.4%
2017	11,032	1,231	11.2%	45,462	6,634	795	14.6%

193

▶ 今後の合格者数

　会計や税務の現場では人手不足という声を多く聞きます。業界の人手不足状況を鑑みれば，2008年から2011年頃の会計士のように，合格者をここから大きく減らすことは考えにくいでしょう。

▶ 税理士の高齢化の状況と今後の担い手

　日本税理士連合会が2015年に公表した第6回税理士実態調査報告書によれば，税理士の年齢分布は【図表9-2】のとおりです。

　平均は60歳前後であり，30代よりも80代が多いということからもわかるとおり，他の職業に比べてかなり平均年齢の高い状況です。

　これは，税務署等への勤務経験者で，60歳で定年退職した後に税理士登録をする人が多いこと，および，年齢に関係なく長く活躍できる業界であることの証左でもある一方で，新陳代謝が進みづらい業界であるともいえます。

　高齢の税理士が多いということは，これから参入してくる若手税理士の活躍する場が増えるということです。若手にぜひとも頑張ってほしい，新しい税理士像を作り上げてほしい。そう期待します。

【図表9-2】　税理士の年齢分布

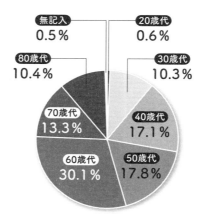

CHAPTER ▶ 9-7

IT技術をどう活かすか，
今後の展望

▶ 不正会計の検出への活用

　IT技術の適用が期待される分野として，不正会計の検出が挙げられます。異常検知は機械学習が得意とする分野です。機械学習とは，「データから抽出された規則性や法則を用いてコンピュータに投入されたデータを自動的に分類すること」と定義されています。過去の会計仕訳や明らかになっている不正仕訳をインプットとして法則を抽出し，ある会社の仕訳に不正の可能性がある仕訳を検出するという試みが考えられます。

　実際に，新日本監査法人は2017年11月に「会計仕訳データからAIが取引パターンを学習して異常仕訳を自動的に識別するアルゴリズム」を開発したと公表しています。

　今後も検出精度を上げる方向への発展は進むものと考えられます。

▶ 会計ソフトによる経理業務の自動化

　前述のとおり，会計ソフトによる自動の仕訳入力等もより提案精度を上げる形で発展するものと考えられます。他社から物品を購入する，取引先にサービスを提供するなど，いわゆる社外の取引のデジタル化はすでにだいぶ進んでいますが，IoT（Internet of Things，あらゆるモノがインターネットにつながること）の発展で，社内の事業活動についてもデジタル化（たとえば材料や製品の異動などが自動的に記録されるなど）が進むものと考えられます。

　このように，多くの事業活動のデータへの置き換えとそれらとの有機的なデータ連携が実現すれば，例外的な事業活動以外は，人が入力することなく仕訳データとなる状況も想定されます。

▶ IT技術の進展とどう対峙するか

　そのほかの分野でもＩＴの応用は十分に考えられます。数値に置き換える
ものを扱う以上，会計分野は機械に置き換えられる脅威にさらされやすいと
いえますが，言い換えれば，会計とＩＴの親和性は高く，効率的に使いこな
せるようになることでサービスの幅・深さを広げやすい分野ともいえます。

　前述した異常検知や日々の仕訳入力の場面に限らず，人が繰返し行ってい
る作業があれば，それは機械に置き換えられる可能性のある作業ではないか，
検討してみる必要がありそうです。

　ＩＴ技術の発展は目覚ましいものがあります。また，一部の使い古したイ
ンストール型のソフトウェアを除いて新しいソフトウェアを苦手とする中高
年層の会計士，税理士は多いと感じます。しかし，ＩＴ技術は，担い手が減
る現在の会計士・税理士業界がその社会的役割を果たし続けるにあたって，
救世主にもなりえます。

　特にこれから我々の業界を目指す方には，ＩＴ技術の発展を脅威と感じる
のではなく，顧客や自社の業務効率化・高度化の機会と捉えて，積極的に活
用する姿勢でい続けていただくことを希望・期待します。

【編著者紹介】

山田　淳一郎（やまだ　じゅんいちろう）

公認会計士・税理士・AFP

1947年鹿児島県生まれ。74年中央大学商学部（二部）卒業。81年に公認会計士・税理士山田淳一郎事務所（現 税理士法人山田＆パートナーズ）を開設。山田コンサルティンググループ㈱代表取締役会長。（政府）税制調査会特別委員。特定非営利活動注人ベトナム簿記普及推進協議会理事。公益財団法人孫正義育英財団監事ほか。

〔主要著書〕

『成功を目指す若者へ，経営者へ－悩みがあるってことは可能性があるってこと－』（TFP出版），『Q&A企業組織再編の会計と実務』（税務経理協会），『金庫株の税・会計・法律の実務Q＆A』『新株予約権の税・会計・法律の実務Q&A』（中央経済社）等。

だから，会計業界はおもしろい！　税理士・会計士・コンサルの未来

2018年6月30日　第1版第1刷発行	編著者　山　田　淳　一　郎
2018年8月10日　第1版第2刷発行	発行者　山　本　　　　継
	発行所　㈱中　央　経　済　社
	発売元　㈱中央経済グループ 　　　　パブリッシング

〒101-0051　東京都千代田区神田神保町1-31-2
電話　03 (3293) 3371 (編集代表)
03 (3293) 3381 (営業代表)
https://www.chuokeizai.co.jp
印刷／三英印刷㈱
製本／㈲井上製本所

Ⓒ2018
Printed in Japan

＊頁の「欠落」や「順序違い」などがありましたらお取り替えいたしますので発売元までご送付ください。（送料小社負担）
ISBN978-4-502-27061-1　C2034

JCOPY〈出版者著作権管理機構委託出版物〉本書を無断で複写複製（コピー）することは，著作権法上の例外を除き，禁じられています。本書をコピーされる場合は事前に出版者著作権管理機構（JCOPY）の許諾をうけてください。
JCOPY〈https://www.jcopy.or.jp　eメール：info@jcopy.or.jp〉